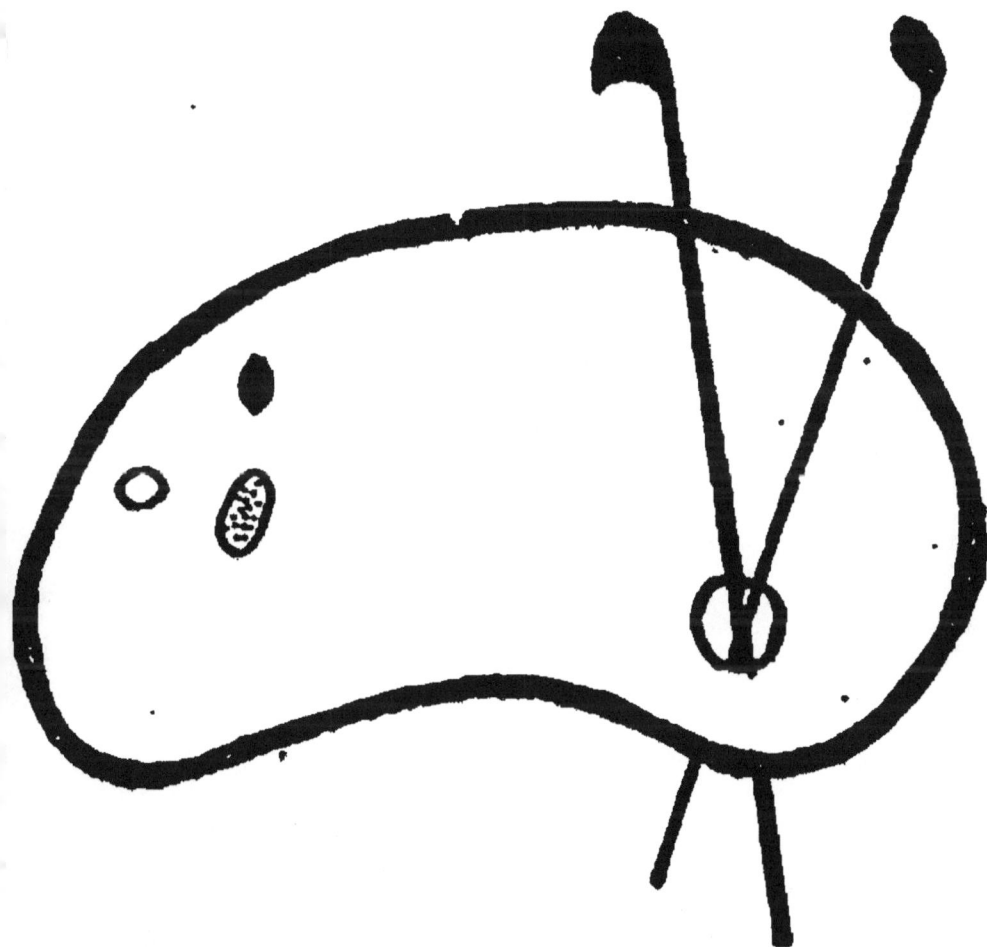

DEBUT D'UNE SERIE DE DOCUMENTS EN COULEUR

BIBLIOTHÈQUE DES EMPLOYÉS DES CONTRIBUTIONS INDIRECTES

ANNUAIRE DE L'ADMIN. DES CONTRIBUTIONS INDIRECTES. 1 vol. gr. in-8°.

JOURNAL DES CONTRIBUTIONS INDIRECTES, paraissant le dimanche. Un an, 7 fr.

RECUEIL CHRON. DES LOIS ET INSTRUCT. DES CONTRIB. IND., DES TABACS ET DES OCTROIS. 6 vol. gr. in-4° et 3 vol. in-8°.

TABLE ANALYTIQUE DE JUGEMENTS ET ARRÊTS rendus en matière de Contributions indirectes. 1 vol. gr. in-8°.

DICTIONNAIRE GÉNÉRAL ou Manuel alphabétique des Contrib. ind., des Octrois et des Manufact. de l'État. Un vol. in-8°.

LIVRE DE POCHE des verbalisants et des employés en tournée. 1 vol. in-16.

COLLECTION DE COMPTABILITÉ. 2 vol. in-8°

COURS DE COMPTABILITÉ. 1 vol. gr. in-8°.

COURS DU CONTENTIEUX. 2 vol. in-8°.

TRAITÉ DU CONTENTIEUX ADMINISTRATIF. 2 vol. in-32, avec un supplément.

CODE DU MARCHAND EN GROS, au point de vue de l'impôt. 2 v. in-32 avec suppl.

MANUEL DU RECEV. BURAL. 1 vol. in-32.

TRAITÉ DES ACQUITS-A-CAUT. 1 v. gr.in-8°.

INSTRUCTIONS SUR LE SERVICE DES SUCRES. 1 vol. in-32, avec suppléments.

SUCRAGE DES VINS ET DES CIDRES AVANT FERMENTATION. 1 br. gr. in-8° avec suppl.

MANUEL PRATIQUE (SUCRAGE), suivi de procédés de sucrage des vendanges. 1 br. gr. in-8°.

INSTRUCTIONS SUR LE SERVICE DES DISTILLERIES. Un vol. in-32.

DISTILLERIES. Règlement B du 15 avril 1884. Broch. in-32.

GUIDE PRATIQUE DU COMMIS DE DIRECTION chargé du service des acq.-à-caut. 1 br. in-32.

ALMANACH DES CONTRIBUTIONS INDIRECTES. 1 broch. in-16.

LES CONTRIB. DIVERSES ET LES CONTRIB. DIR. EN ALGÉRIE. Broch. gr. in-8°.

TARIF DES DROITS DE CIRCULATION, DE CONSOMMAT. ET DE DÉTAIL. Broch. in-8°.

BARÈME SIMPLIFIÉ DU DROIT DE CONSOMMATION, sur une seule feuille.

DÉCOMPTE DES REMISES AUX BURALISTES. 1 broch. gr. in-8°.

DICTIONNAIRE DES TARIFS en vigueur dans l'Adm. des Contrib. ind. 1 vol. in-32.

LES VOITURES PUBLIQUES; règlements et tarifs. 1 vol. gr. in-8°.

CATALOGUE MÉTHODIQUE DES CIRCULAIRES ET INSTRUCTIONS DE L'ADMINISTRATION. Broch. gr. in-8°, avec suppl.

BARÈME DE LA RÉGIE ET DES NÉGOCIANTS EN GROS. 1 forte broch. gr. in-8°.

MULTIPLICATEUR RAPIDE, suivi de la Déduction à 6, 7 et 8 0/0. Broch. gr. in-8°.

CARNET DE RECENSEMENTS. 1 vol. in-12.

NOUVEAU LIVRET DE RECENSEMENTS, ou vade-mecum du jaugeur. 1 vol. in-16.

TRAITÉ MÉTHODIQUE ET PRATIQUE DU JAUGEAGE. Broch. in-12.

CARNET DES DÉDUCTIONS allouées aux march. en gros, bouilleurs, etc. 1 v. in-16.

ON TROUVE A LA MÊME LIBRAIRIE :

MANUEL DES OCTROIS. 1 vol. gr. in-8°.

LA COMMISSION DÉPARTEMENTALE. Son origine; son organisation; ses attributions, etc. 1 vol. gr. in-8°.

ÉTUDES DE DROIT PUBLIC, par M. Th. DUCROCQ. 1 fort vol. in-8°.

ÉTUDES D'HISTOIRE FINANCIÈRE ET MONÉTAIRE, par M. DUCROCQ. 1 fort vol. in-8°.

LIVRE-BARÈMES, contenant : 1° Barème de multiplications ; 2° Caisse d'épargne; 3° Revenu pour cent des rentes sur États français et étrangers. 1 vol. in-8°.

CLEF DE L'ORTHOGRAPHE selon l'Académie. 1 vol. in-18.

LES INDIRECTS. TYPES ADMINISTRATIFS. 1 vol. in-18.

LES SOUS-INDIRECTS. TYPES ANTI-ADMINISTRATIFS. 1 vol. in-18.

La librairie P. Oudin se charge spécialement de l'édition des ouvrages relatifs à toutes les administrations, soit en les *publiant à son compte*, soit en les *vendant au compte des auteurs*, soit simplement en les *imprimant à leur compte*. Un système spécial de publicité permet de procurer aux ouvrages leur maximum de diffusion.

IMPRESSIONS DE TOUTE NATURE
TOUTES RELIURES, DU SIMPLE CARTONNAGE A LA RELIURE MOSAIQUE
FABRIQUE DE REGISTRES

Le Catalogue est expédié franco sur demande affranchie.

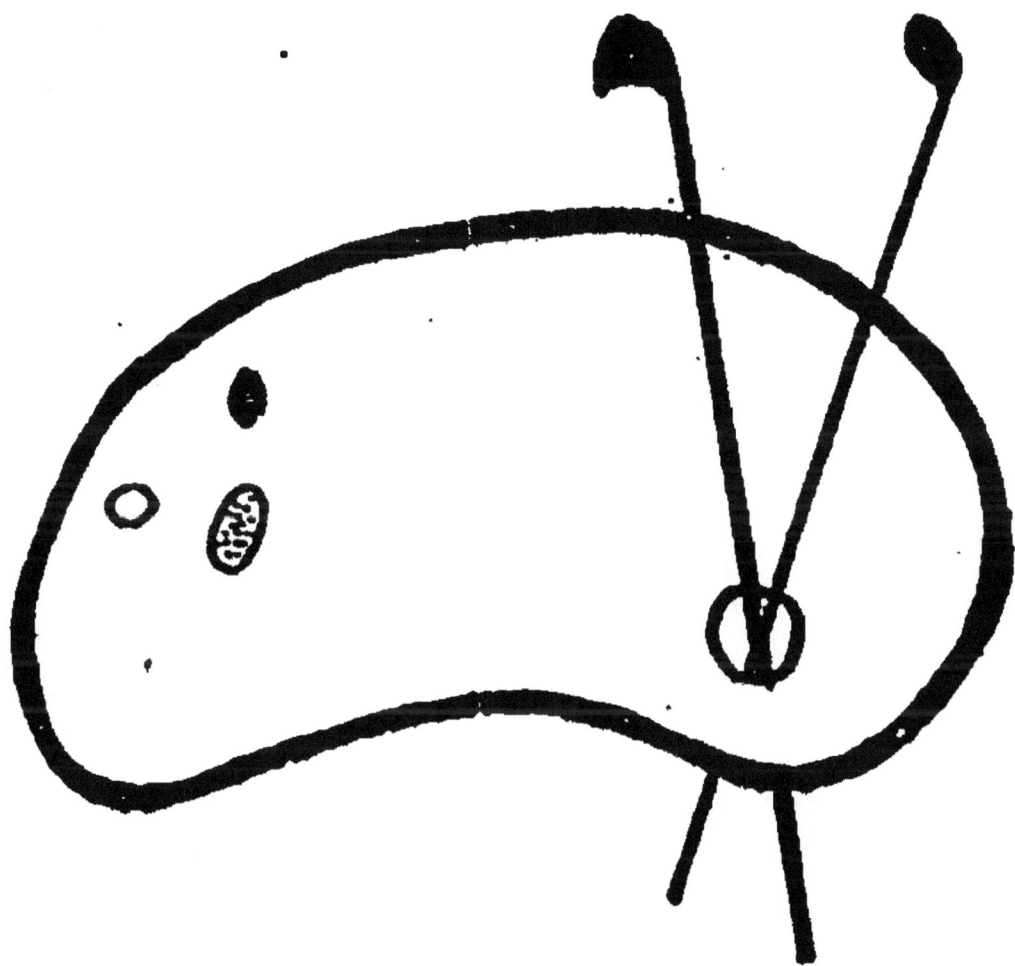

FIN D'UNE SERIE DE DOCUMENTS
EN COULEUR

PETITE BIBLIOTHÈQUE DES AUTEURS FRANÇAIS

LA COMÉDIE DE MOLIÈRE

7ᵉ SÉRIE — Format Petit in-8°.

Molière.

LA

COMÉDIE DE MOLIÈRE

PRÉCÉDÉE

D'UNE INTRODUCTION SUR MOLIÈRE

PAR ÉMILE FAGUET

PARIS

LECÉNE, OUDIN ET Cⁱᵉ, ÉDITEURS

17, RUE BONAPARTE, 17

—

1891

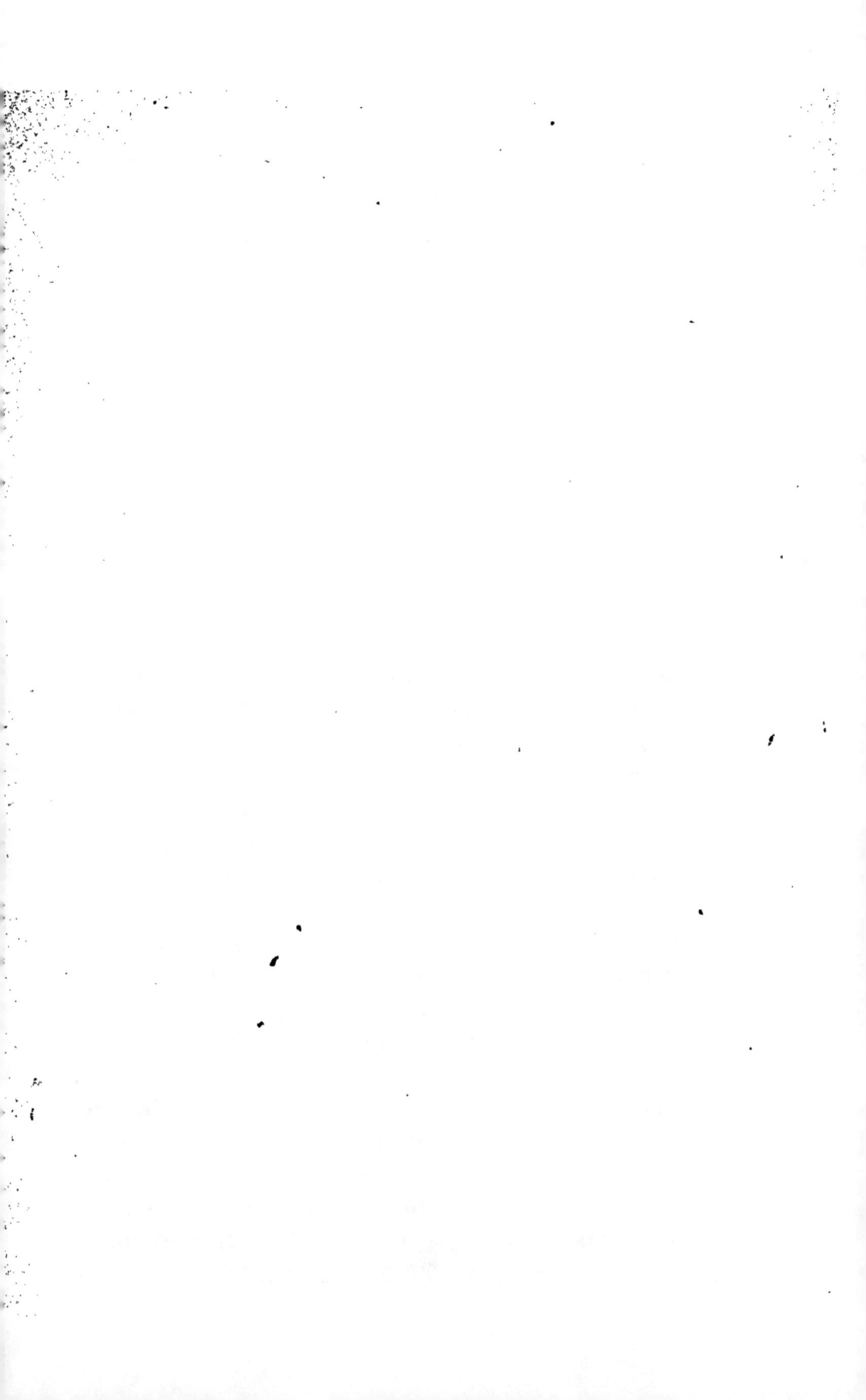

MOLIÈRE

Jean-Baptiste Poquelin, qui prit plus tard le nom de Molière, naquit à Paris le 15 janvier 1622. Il était fils de Jean Poquelin, tapissier et valet de chambre du roi *avec survivance*, ce qui veut dire que le jeune Poquelin naissait valet de chambre présomptif du roi de France. Son père était à l'aise. Il fit donner à son fils une éducation de gentilhomme. Le jeune Poquelin fit ses études au collège de Clermont (à Paris), où il fut le condisciple du prince de Conti. Plus tard il suivit les leçons que l'illustre philosophe Gassendi donnait à quelques fils de famille, Chapelle, Bernier, Hesnault, Cyrano de Bergerac. Il étudia le droit à Orléans de 1645 à 1647. Revenu à Paris et entraîné vers le théâtre par une irrésistible vocation, il rassembla une troupe, prit le nom de Molière, et fonda l'*Illustre théâtre*, très obscur malgré son nom, et qui finit par la faillite. Renonçant à Paris plutôt qu'à son art, Molière passa en province avec sa troupe, et se mit à transporter son théâtre de ville en ville. Cette vie errante et peu connue dura douze ans, de 1646 à 1658. A cette période se rattachent les premiers essais de Molière, dont il reprit quelques-uns plus tard pour en faire de véritables comédies. C'est, par exemple, le *Fagotier* (devenu le *Médecin malgré lui*), *Gorgibus dans le sac* (une scène des *Fourberies de Scapin*), le *Médecin volant*, la *Jalousie du Barbouillé* (plus tard *Georges Dandin*) ; deux grandes comédies seulement, achevées, l'*Étourdi*, donné à Lyon vers

1653 ou 1654, et *Le Dépit amoureux*, joué à Béziers en 1656.

Connu en province, protégé par son ancien camarade le prince de Conti, Molière se risqua à Paris, en 1658. Il obtint la permission de jouer devant le roi. Il représenta *Nicomède* (de Corneille) et le *Docteur amoureux* (de lui). Il eut du succès et s'établit à Paris avec le droit de donner à sa compagnie le titre de « *Troupe de Monsieur* »; il occupa d'abord la salle du Petit-Bourbon, qu'il échangea un peu plus tard pour celle du Palais-Royal.

Comme pièce de début devant le public parisien, il donna les *Précieuses ridicules* (1659), qui eurent un succès de gaité et d'applications malignes. Très en faveur depuis lors, ses créations se succédèrent avec une rapidité extraordinaire. Directeur, acteur, auteur, et encore sans cesse appelé auprès du roi pour fournir aux représentations de la cour, son activité incroyable suffit à tout. Il donna en treize ans vingt-cinq pièces, dont douze considérables, et dont sept ou huit sont des chefs-d'œuvre de premier ordre. Les voici dans leur ordre chronologique. Nous soulignons le titre des plus importantes :

1659. *Les* PRÉCIEUSES RIDICULES (grand succès).

1660. *Sganarelle*.

1661. *Don Garcie de Navarre*, tragédie (échec), — L'ÉCOLE DES MARIS, — LES FACHEUX (grand succès).

1662. — L'ÉCOLE DES FEMMES (grand succès).

1663. *La critique de l'École des femmes*, — *L'Impromptu de Versailles*.

1664. *Le Mariage forcé*, — *la Princesse d'Élide*, — les trois premiers actes du TARTUFFE (à la cour).

1665. DON JUAN, — *l'Amour médecin*.

1666. LE MISANTHROPE, — *Le Médecin malgré lui*, — — *Mélicerte* (inachevé).

1667. *Le Sicilien ou l'Amour peintre*, — le TARTUFFE (joué une seule fois, puis interdit).

1668. AMPHITRYON, — *Georges Dandin*, — L'AVARE.

1669. TARTUFFE (autorisé enfin, grand succès), —*Monsieur de Pourceaugnac.*

1670. *Les Amants magnifiques,* — *Le Bourgeois gentilhomme.*

1671. PSYCHÉ (en collaboration avec Corneille et Quinault), — *Les Fourberies de Scapin,* — *La comtesse d'Escarbagnas.*

1672. LES FEMMES SAVANTES.

1673. LE MALADE IMAGINAIRE.

Épuisé par un tel excès de production et de travail, Molière fut pris de convulsions en jouant le *Malade imaginaire* et mourut le 17 février 1673.

SON CARACTÈRE.

Molière excite et mérite de telles sympathies qu'on a peine à parler de ses défauts. Il faut les indiquer d'abord, pour se débarrasser de l'ennui d'y revenir. Il avait les mœurs d'un homme de théâtre, très libres et relâchées. Dans ses rapports avec le roi et la cour, il a poussé la flatterie plus loin peut-être qu'il n'était nécessaire aux intérêts de ses camarades. Il avait une irritabilité extrême, trop expliquée par la vie fiévreuse qu'il menait et les attaques odieuses, il faut le dire, auxquelles il était en butte. Cependant les violences de l'*Impromptu de Versailles* et des *Femmes savantes,* encore qu'elles soient des représailles, sont cruelles. Maintenant nous n'avons plus à parler que de ses qualités, qui sont séduisantes et même touchantes. Il était très bon quand il n'était pas attaqué, très serviable, très généreux, prodigue dans ses charités. Il a été chéri de sa troupe, ce qui est le plus grand succès qu'ait remporté un directeur de théâtre. Il a été tendre jusqu'à la faiblesse pour une épouse indigne. Il était sans orgueil et sans jalousie avec ses amis: Boileau, Chapelle, La Fontaine. Il a même su pardonner. Racine, dont il joua les premières tragédies.

ayant brusquement et déloyalement porté ses œuvres à un autre théâtre, il sut ne jamais attaquer le déserteur et même applaudir hautement à ses pièces. Il était pensif et un peu replié sur lui-même, non point mélancolique, comme on l'a trop répété en forçant le trait (il ne faut pas oublier que La Fontaine a dit de Molière jeune : « *il était fort gai* »); mais volontiers songeur, et *contemplateur*, et, vers la fin de sa vie, attristé, malgré son courage, par ses souffrances physiques et par son intérieur malheureux. Ce qui dominait en lui, c'était l'activité et l'énergie. Se sentant mourir, il se traîna au théâtre et joua, non pas tant, comme il affecta de le dire, pour ne pas faire perdre leur journée aux ouvriers qui vivaient du théâtre (car il était riche, et assez généreux pour les indemniser), que parce que l'ardeur d'agir et de lutter pour son œuvre le possédait jusqu'au dernier souffle. Il aimait la vie large et brillante. Très artiste en cela, et comme le sont les artistes de notre temps, il se plaisait au luxe de bon goût, aux belles étoffes, à l'argenterie, aux riches ameublements, aux tableaux et aux objets d'art. Il laisse l'impression générale d'une âme forte et tendre, ardente et sensible, un peu égarée et compromise dans un monde trop mêlé, et n'y ayant pris que les défauts et les taches qu'il est presque impossible de n'y pas prendre.

EMILE FAGUET.

LES
PRÉCIEUSES RIDICULES
COMÉDIE EN UN ACTE
(1659)

PERSONNAGES.

LA GRANGE, } amants rebutés.
DU CROISY,
GORGIBUS, bon bourgeois.
MADELON, fille de Gorgibus, } précieuses ridicules.
CATHOS, nièce de Gorgibus,
MAROTTE, servante des précieuses ridicules.
ALMANZOR, laquais des précieuses ridicules.
LE MARQUIS DE MASCARILLE, valet de La Grange.
LE VICOMTE DE JODELET, valet de du Croisy.
DEUX PORTEURS DE CHAISE.
VOISINES.
VIOLONS.

(*La scène est à Paris, chez Gorgibus.*)

SCÈNE PREMIÈRE.

LA GRANGE, DU CROISY.

DU CROISY.

Seigneur La Grange.

LA GRANGE.

Quoi?

DU CROISY.

Regardez-moi un peu sans rire.

LA GRANGE.

Hé bien?

DU CROISY.

Que dites-vous de notre visite? En êtes-vous fort satisfait?

LA GRANGE.

A votre avis, avons-nous sujet de l'être tous deux?

1°

DU CROISY.

Pas tout à fait, à dire vrai.

LA GRANGE.

Pour moi, je vous avoue que j'en suis tout scandalisé. A-t-on jamais vu, dites-moi, deux pecques provinciales faire plus les renchéries que celles-là, et deux hommes traités avec plus de mépris que nous? A peine ont-elles pu se résoudre à nous faire donner des sièges. Je n'ai jamais vu tant parler à l'oreille qu'elles ont fait entre elles, tant bâiller, tant se frotter les yeux, et demander tant de fois : Quelle heure est-il? Ont-elles répondu que oui et non à tout ce que nous avons pu leur dire? et ne m'avouerez-vous pas enfin que, quand nous aurions été les dernières personnes du monde, on ne pouvait nous faire pis qu'elles ont fait?

DU CROISY.

Il me semble que vous prenez la chose fort à cœur.

LA GRANGE.

Sans doute, je l'y prends, et de telle façon que je me veux venger de cette impertinence. Je connais ce qui nous a fait mépriser. L'air précieux n'a pas seulement infecté Paris, il s'est aussi répandu dans les provinces, et nos donzelles ridicules en ont humé leur bonne part. En un mot, c'est un ambigu de précieuse et de coquette que leur personne. Je vois ce qu'il faut être pour en être bien reçu; et, si vous m'en croyez, nous leur jouerons tous deux une pièce qui leur fera voir leur sottise, et pourra leur apprendre à connaître un peu mieux leur monde.

DU CROISY.

Et comment, encore?

LA GRANGE.

J'ai un certain valet, nommé Mascarille, qui passe, au sentiment de beaucoup de gens, pour une manière de bel esprit; car il n'y a rien à meilleur marché que le bel esprit maintenant. C'est un extravagant qui s'est mis dans la tête de vouloir faire l'homme de condition. Il se pique ordinairement de galanterie et de vers, et dédaigne les autres valets, jusqu'à les appeler brutaux.

DU CROISY.

Hé bien! qu'en prétendez-vous faire?

LA GRANGE.

Ce que j'en prétends faire? Il faut... Mais sortons d'ici auparavant.

SCÈNE II

GORGIBUS, DU CROISY, LA GRANGE

GORGIBUS.

Hé bien! vous avez vu ma nièce et ma fille? Les affaires iront-elles bien? Quel est le résultat de cette visite?

LA GRANGE.

C'est une chose que vous pourriez mieux apprendre d'elles que de nous. Tout ce que nous pouvons vous dire, c'est que nous vous rendons grâce de la faveur que vous nous avez faite, et demeurons vos très humbles serviteurs.

DU CROISY.

Vos très humbles serviteurs.

GORGIBUS, *seul.*

Ouais ! il semble qu'ils sortent mal satisfaits d'ici. D'où pourrait venir leur mécontentement ? Il faut savoir un peu ce que c'est. Ho là !

SCÈNE III.

GORGIBUS, MAROTTE.

MAROTTE.

Que désirez-vous, monsieur ?

GORGIBUS.

Où sont vos maitresses ?

MAROTTE.

Dans leur cabinet.

GORGIBUS.

Que font-elles ?

MAROTTE.

De la pommade pour les lèvres.

GORGIBUS.

C'est trop pommadé : dites-leur qu'elles descendent.

SCÈNE IV.

GORGIBUS *seul.*

Ces pendardes-là, avec leur pommade, ont, je pense, envie de me ruiner. Je ne vois partout que blancs d'œufs, lait virginal, et mille autres brimborions que je ne connais point. Elles ont usé, depuis que nous sommes ici, le lard d'une douzaine de cochons, pour le moins; et quatre valets vivraient tous les jours des pieds de moutons qu'elles emploient.

SCÈNE V.

MADELON, CATHOS, GORGIBUS.

GORGIBUS.

Il est bien nécessaire vraiment de faire tant de dépense pour vous graisser le museau ! Dites-moi un peu ce que vous avez fait à ces messieurs, que je les vois sortir avec tant de froideur ? Vous avais-je pas commandé de les recevoir comme des personnes que je voulais vous donner pour maris ?

MADELON.

Et quelle estime, mon père, voulez-vous que nous fassions du procédé irrégulier de ces gens-là ?

CATHOS.

Le moyen, mon oncle, qu'une fille un peu raisonnable se pût accommoder de leur personne ?

GORGIBUS.

Et qu'y trouvez-vous à redire ?

MADELON.

La belle galanterie que la leur ! Quoi ! débuter d'abord par le mariage ?

GORGIBUS.

Et par où veux-tu donc qu'ils débutent ? N'est-ce pas un procédé dont vous avez sujet de vous louer toutes deux aussi bien que moi ? Est-il rien de plus obligeant que cela ? Et ce lien sacré où ils aspirent n'est-il pas un témoignage de l'honnêteté de leurs intentions ?

MADELON.

Ah ! mon père, ce que vous dites là est du dernier bourgeois. Cela me fait honte de vous ouïr parler de la sorte, et vous devriez un peu vous faire apprendre le bel air des choses.

GORGIBUS.

Je n'ai que faire ni d'air ni de chanson. Je te dis que le mariage est une chose sainte et sacrée, et que c'est faire en honnêtes gens que de débuter par là.

MADELON.

Mon Dieu ! que si tout le monde vous ressemblait, un roman serait bientôt fini ! La belle chose que ce serait, si d'abord Cyrus épousait Mandane, et qu'Aronce de plain-pied fût marié à Clélie (1) !

GORGIBUS.

Que me vient conter celle-ci ?

MADELON.

Mon père, voilà ma cousine qui vous dira aussi bien que moi que le mariage ne doit jamais arriver qu'après les autres aventures. Il faut qu'un amant, pour être agréable, sache débiter les beaux sentiments, pousser le doux, le tendre et le passionné, et que sa recherche soit dans les formes. Premièrement, il doit voir au temple, ou à la promenade, ou dans quelque cérémonie publique, la personne dont il devient amoureux ; ou bien être conduit fatalement chez elle par un parent ou un ami, et sortir de là tout rêveur et mélancolique. Il cache un temps sa passion à l'objet aimé, et cependant lui rend plusieurs visites, où l'on ne manque jamais de mettre sur le tapis une question galante qui exerce les esprits de l'assemblée. Le jour de la déclaration arrive, qui se doit faire ordinairement dans une allée de quelque jardin, tandis que la compagnie s'est un peu éloignée : et cette déclaration est suivie

(1) Cyrus et Mandane, Clélie et Aronce, sont les principaux personnages d'*Artamène* et de *Clélie*, romans de mademoiselle de Seudéry.

d'un prompt courroux, qui paraît à notre rougeur, et qui, pour un temps, bannit l'amant de notre présence. Ensuite il trouve moyen de nous apaiser, de nous accoutumer insensiblement au discours de sa passion, et de tirer de nous cet aveu qui fait tant de peine. Après cela viennent les aventures, les rivaux qui se jettent à la traverse d'une inclination établie, les persécutions des pères, les jalousies conçues sur de fausses apparences, les plaintes, les déses-poirs, les enlèvements, et ce qui s'ensuit. Voilà comme les choses se traitent dans les belles manières; et ce sont des règles dont, en bonne galanterie, on ne saurait se dispenser. Mais en venir de but en blanc à l'union conjugale, ne faire l'amour qu'en faisant le con-trat du mariage, et prendre justement le roman par la queue; encore un coup, mon père, il ne se peut rien de plus marchand que ce procédé; et j'ai mal au cœur de la seule vision que cela me fait.

GORGIBUS.

Quel diable de jargon entends-je ici? Voici bien du haut style.

CATHOS.

En effet, mon oncle, ma cousine donne dans le vrai de la chose. Le moyen de bien recevoir des gens qui sont tout à fait incongrus en galanterie! Je m'en vais gager qu'ils n'ont jamais vu la carte de Tendre, et que Billets-doux, Petits-soins, Billets-galants et Jo-lis-vers sont des terres inconnues pour eux (1). Ne voyez-vous pas que toute leur personne marque cela, et qu'ils n'ont point cet air qui donne d'abord bonne opinion des gens? Venir en visite amoureuse avec une jambe tout unie, un chapeau désarmé de plumes, une tête irrégulière en cheveux, et un habit qui souffre une indigence de rubans; mon Dieu! quels amants sont-ce là! Quelle frugalité d'ajus-tement, et quelle sécheresse de conversation! On n'y dure point, on n'y tient pas. J'ai remarqué encore que leurs rabats ne sont pas de la bonne faiseuse, et qu'il s'en faut plus d'un grand demi-pied que leurs hauts-de-chausses ne soient assez larges.

GORGIBUS.

Je pense qu'elles sont folles toutes deux, et je ne puis rien com-prendre à ce baragouin. Cathos, et vous, Madelon...

MADELON.

Hé! de grâce, mon père, défaites-vous de ces noms étranges, et nous appelez autrement.

GORGIBUS.

Comment, ces noms étranges? Ne sont-ce pas vos noms de bap-tême?

MADELON.

Mon Dieu! que vous êtes vulgaire! Pour moi, un de mes éton-nements, c'est que vous ayez pu faire une fille si spirituelle que moi. A-t-on jamais parlé dans le beau style de Cathos ni de Made-lon, et ne m'avouerez-vous pas que ce serait assez d'un de ces noms pour décrier le plus beau roman du monde?

(1) La carte de *Tendre* est une fiction allégorique du roman de *Clélie*.

CATHOS.

Il est vrai, mon oncle, qu'une oreille un peu délicate pâtit furieusement à entendre prononcer ces mots-là; et le nom de Polixène que ma cousine a choisi, et celui d'Aminte que je me suis donné, ont une grâce dont il faut que vous demeuriez d'accord.

GORGIBUS.

Écoutez : il n'y a qu'un mot qui serve. Je n'entends point que vous ayez d'autres noms que ceux qui vous ont été donnés par vos parrains et marraines ; et pour ces messieurs dont il est question, je connais leurs familles, et leurs biens, et je veux résolument que vous vous disposiez à les recevoir pour maris. Je me lasse de vous avoir sur les bras, et la garde de deux filles est une charge un peu trop pesante pour un homme de mon âge.

CATHOS.

Pour moi, mon oncle, tout ce que je puis vous dire, c'est que je trouve le mariage une chose tout à fait choquante.

MADELON.

Souffrez que nous prenions un peu haleine parmi le beau monde de Paris, où nous ne faisons que d'arriver. Laissez-nous faire à loisir le tissu de notre roman, et n'en pressez point tant la conclusion.

GORGIBUS, *à part.*

Il n'en faut point douter, elles sont achevées. (*Haut.*) Encore un coup, je n'entends rien à toutes ces balivernes : je veux être maître absolu ; et, pour trancher toutes sortes de discours, ou vous serez mariées toutes deux avant qu'il soit peu, ou, ma foi, vous serez religieuses ; j'en fais un bon serment.

SCÈNE VI.

CATHOS, MADELON.

CATHOS.

Mon Dieu ! ma chère, que ton père a la forme enfoncée dans la matière ! que son intelligence est épaisse, et qu'il fait sombre dans son âme !

MADELON.

Que veux-tu, ma chère? j'en suis en confusion pour lui. J'ai peine à me persuader que je puisse être véritablement sa fille, et je crois que quelque aventure un jour me viendra développer une naissance plus illustre.

CATHOS.

Je le croirais bien ; oui, il y a toutes les apparences du monde ; et, pour moi, quand je me regarde aussi...

SCÈNE VII.

CATHOS, MADELON, MAROTTE.

MAROTTE.

Voilà un laquais qui demande si vous êtes au logis, et dit que son maître vous veut venir voir.

MADELON.

Apprenez, sotte, à vous énoncer moins vulgairement. Dites : Voilà un nécessaire qui demande si vous êtes en commodité d'être visibles.

MAROTTE.

Dame! je n'entends point le latin; et je n'ai pas appris, comme vous, la filofie dans le grand Cyre.

MADELON.

L'impertinente! le moyen de souffrir cela! Et qui est-il le maître de ce laquais?

MAROTTE.

Il me l'a nommé le marquis de Mascarille.

MADELON.

Ah! ma chère, un marquis! un marquis! Oui, allez dire qu'on nous peut voir. C'est sans doute un bel esprit qui a ouï parler de nous.

CATHOS.

Assurément, ma chère.

MADELON.

Il le faut recevoir dans cette salle basse, plutôt qu'en notre chambre. Ajustons un peu nos cheveux au moins, et soutenons notre réputation. Vite, venez nous tendre ici dedans le conseiller des grâces.

MAROTTE.

Par ma foi, je ne sais point quelle bête c'est là; il faut parler chrétien, si vous voulez que je vous entende.

CATHOS.

Apportez-nous le miroir, ignorante que vous êtes, et gardez-vous bien d'en salir la glace par la communication de votre image.

(Elles sortent.)

SCÈNE VIII.

MASCARILLE, deux porteurs.

MASCARILLE.

Holà! porteurs, holà! Là, là, là, là, là, là. Je pense que ces marauds-là ont dessein de me briser à force de heurter contre les murailles et les pavés.

PREMIER PORTEUR.

Dame! c'est que la porte est étroite. Vous avez voulu aussi que nous soyons entrés jusqu'ici.

MASCARILLE.

Je le crois bien. Voudriez-vous, faquins, que j'exposasse l'embonpoint de mes plumes aux inclémences de la saison pluvieuse, et que j'allasse imprimer mes souliers en boue? Allez, ôtez votre chaise d'ici.

DEUXIÈME PORTEUR.

Payez-nous donc, s'il vous plaît, monsieur.

MASCARILLE.

Hein?

DEUXIÈME PORTEUR.

Je dis, monsieur, que vous nous donniez de l'argent, s'il vous plaît.

MASCARILLE, *lui donnant un soufflet.*

Comment, coquin! demander de l'argent à une personne de ma qualité!

DEUXIÈME PORTEUR.

Est-ce ainsi qu'on paie les pauvres gens? et votre qualité nous donne-t-elle à dîner?

MASCARILLE.

Ah! ah! ah! je vous apprendrai à vous connaître! Ces canailles-là s'osent jouer à moi!

PREMIER PORTEUR, *prenant un des bâtons de sa chaise.*

Çà, payez-nous vitement.

MASCARILLE.

Quoi?

PREMIER PORTEUR.

Je dis que je veux avoir de l'argent tout à l'heure.

MASCARILLE.

Il est raisonnable celui-là.

PREMIER PORTEUR.

Vite donc?

MASCARILLE.

Oui-dà! tu parles comme il faut, toi; mais l'autre est un coquin qui ne sait ce qu'il dit. Tiens, es-tu content?

PREMIER PORTEUR.

Non, je ne suis pas content; vous avez donné un soufflet à mon camarade, et... (*Levant son bâton.*)

MASCARILLE.

Doucement; tiens, voilà pour le soufflet. On obtient tout de moi quand on s'y prend de la bonne façon. Allez, venez me reprendre tantôt pour aller au Louvre, au petit coucher.

SCÈNE IX.

MAROTTE, MASCARILLE.

MAROTTE.

Monsieur, voilà mes maîtresses qui vont venir tout à l'heure.

MASCARILLE.

Qu'elles ne se pressent point ; je suis ici posté commodément pour attendre.

MAROTTE.

Les voici.

SCÈNE X.

MADELON, CATHOS, MASCARILLE, ALMANZOR.

MASCARILLE, *après avoir salué.*

Mesdames, vous serez surprises sans doute de l'audace de ma visite ; mais votre réputation vous attire cette méchante affaire, et le mérite a pour moi des charmes si puissants, que je cours partout après lui.

MADELON.

Si vous poursuivez le mérite, ce n'est pas sur nos terres que vous devez chasser.

CATHOS.

Pour voir chez nous le mérite, il a fallu que vous l'y ayez amené.

MASCARILLE.

Ah ! je m'inscris en faux contre vos paroles. La renommée accuse juste en contant ce que vous valez, et vous allez faire pic, repic et capot tout ce qu'il y a de galant dans Paris.

MADELON.

Votre complaisance pousse un peu trop avant la libéralité de ses louanges ; et nous n'avons garde, ma cousine et moi, de donner de notre sérieux dans le doux de votre flatterie.

CATHOS.

Ma chère, il faudrait faire donner des sièges.

MADELON.

Holà ! Almanzor.

ALMANZOR.

Madame.

MADELON.

Vite, voiturez-nous ici les commodités de la conversation.

MASCARILLE.

Mais, au moins, y a-t-il sûreté ici pour moi ?

(Almanzor sort.)

CATHOS.

Que craignez-vous ?

MASCARILLE.

Quelque vol de mon cœur, quelque assassinat de ma franchise. Je vois ici deux yeux qui ont la mine d'être de fort mauvais garçons, de faire insulte aux libertés, et de traiter une âme de Turc à More. Comment, diable ! D'abord qu'on les approche, ils se mettent sur leur garde meurtrière. Ah ! par ma foi, je m'en défie et je m'en vais gagner au pied, ou je veux caution bourgeoise (1) qu'ils ne me feront point de mal.

MADELON.

Ma chère, c'est le caractère enjoué.

CATHOS.

Je vois bien que c'est un Amilcar (2).

MADELON.

Ne craignez rien: nos yeux n'ont point de mauvais desseins, et votre cœur peut dormir en assurance sur leur prud'homie.

CATHOS.

Mais, de grâce, monsieur, ne soyez pas inexorable à ce fauteuil qui vous tend les bras il y a un quart d'heure; contentez un peu l'envie qu'il a de vous embrasser.

MASCARILLE, *après s'être peigné et avoir ajusté ses canons*.

Hé bien, mesdames, que dites-vous de Paris?

MADELON.

Hélas! qu'en pourrions-nous dire? il faudrait être l'antipode de la raison, pour ne pas confesser que Paris est le grand bureau des merveilles, le centre du bon goût, du bel esprit, et de la galanterie.

MASCARILLE.

Pour moi, je tiens que hors de Paris il n'y a point de salut pour les honnêtes gens.

CATHOS.

C'est une vérité incontestable.

MASCARILLE.

Il y fait un peu crotté; mais nous avons la chaise (3).

MADELON.

Il est vrai que la chaise est un retranchement merveilleux contre les insultes de la boue et du mauvais temps.

MASCARILLE.

Vous recevez beaucoup de visites? Quel bel esprit est des vôtres?

MADELON.

Hélas! nous ne sommes pas encore connues; mais nous sommes en passe de l'être; et nous avons une amie particulière qui nous a promis d'amener ici tous ces messieurs du Recueil des pièces choisies.

CATHOS.

Et certains autres qu'on nous a nommés aussi pour être les arbitres souverains des belles choses.

MASCARILLE.

C'est moi qui ferai votre affaire mieux que personne; ils me rendent tous visite; et je puis dire que je ne me lève jamais sans une demi-douzaine de beaux esprits.

(1) *Caution bourgeoise*, garantie suffisante.
(2) Personnage du roman de *Clélie*.
(3) La chaise à porteurs dont la mode avait été apportée d'Angleterre, sous le règne de Louis XIII, par le marquis de Montbrun.

MADELON.

Hé! mon Dieu! nous vous serons obligées de la dernière obligation, si vous nous faites cette amitié; car enfin il faut avoir la connaissance de tous ces messieurs-là, si l'on veut être du beau monde. Ce sont eux qui donnent le branle à la réputation dans Paris; et vous savez qu'il y en a tel dont il ne faut que la seule fréquentation pour vous donner bruit de connaisseuse, quand il n'y aurait rien autre chose que cela. Mais, pour moi, ce que je considère particulièrement, c'est que, par le moyen de ces visites spirituelles, on est instruit de cent choses qu'il faut savoir de nécessité, et qui sont de l'essence du bel esprit. On apprend par là chaque jour les petites nouvelles galantes, les jolis commerces de prose ou de vers. On sait à point nommé : un tel a composé la plus jolie pièce du monde sur un tel sujet; une telle a fait des paroles sur un tel air : celui-ci a fait un madrigal sur une jouissance; celui-là a composé des stances sur une infidélité : monsieur un tel écrivit hier au soir un sixain à mademoiselle une telle, dont elle lui a envoyé la réponse ce matin sur les huit heures; un tel auteur a fait un tel dessein : celui-là est à la troisième partie de son roman; cet autre met ses ouvrages sous la presse. C'est là ce qui vous fait valoir dans les compagnies; et si l'on ignore ces choses, je ne donnerais pas un clou de tout l'esprit qu'on peut avoir.

CATHOS.

En effet, je trouve que c'est renchérir sur le ridicule, qu'une personne se pique d'esprit, et ne sache pas jusqu'au moindre petit quatrain qui se fait chaque jour; et pour moi, j'aurais toutes les hontes du monde s'il fallait qu'on vînt à me demander si j'aurais vu quelque chose de nouveau que je n'aurais pas vu.

MASCARILLE.

Il est vrai qu'il est honteux de n'avoir pas des premiers tout ce qui se fait; mais ne vous mettez pas en peine; je veux établir chez vous une académie de beaux esprits, et je vous promets qu'il ne se fera pas un bout de vers dans Paris, que vous ne sachiez par cœur avant tous les autres. Pour moi, tel que vous me voyez, je m'en escrime un peu quand je veux; et vous verrez courir de ma façon, dans les belles ruelles de Paris (1), deux cents chansons, autant de sonnets, quatre cents épigrammes et plus de mille madrigaux, sans compter les énigmes et les portraits.

MADELON. —

Je vous avoue que je suis furieusement pour les portraits: je ne vois rien de si galant que cela.

MASCARILLE.

Les portraits sont difficiles, et demandent un esprit profond: vous en verrez de ma manière qui ne vous déplairont pas.

---

(1) On donnait le nom de *ruelles* aux assemblées de ce temps-là. L'alcôve servait de salon, et la société s'y réunissait autour du lit de la précieuse, qui se couchait pour recevoir ses visites. La *ruelle* était parée avec beaucoup d'élégance et de goût, et les hommes qui en faisaient les honneurs prenaient le nom bizarre d'*alcovistes*. (PETITOT.)

CATHOS.

Pour moi, j'aime terriblement les énigmes.

MASCARILLE.

Cela exerce l'esprit, et j'en ai fait quatre encore ce matin, que je vous donnerai à deviner.

MADELON.

Les madrigaux sont agréables, quand ils sont bien tournés.

MASCARILLE.

C'est mon talent particulier; et je travaille à mettre en madrigaux toute l'Histoire romaine.

MADELON.

Ah! certes, cela sera du dernier beau ; j'en retiens un exemplaire au moins, si vous le faites imprimer.

MASCARILLE.

Je vous en promets à chacune un, et des mieux reliés. Cela est au-dessous de ma condition ; mais je le fais seulement pour donner à gagner aux libraires, qui me persécutent.

MADELON.

Je m'imagine que le plaisir est grand de se voir imprimer.

MASCARILLE.

Sans doute. Mais, à propos, il faut que je vous die un impromptu que je fis hier chez une duchesse de mes amies que je fus visiter, car je suis diablement fort sur les impromptus.

CATHOS.

L'impromptu est justement la pierre de touche de l'esprit.

MASCARILLE.

Écoutez donc.

MADELON.

Nous y sommes de toutes nos oreilles.

MASCARILLE.

Oh! oh! je n'y prenais pas garde:
Tandis que sans songer à mal, je vous regarde,
Votre œil en tapinois me dérobe mon cœur.
Au voleur! au voleur! au voleur! au voleur!

CATHOS.

Ah! mon Dieu! voilà qui est poussé dans le dernier galant.

MASCARILLE.

Tout ce que je fais a l'air cavalier ; cela ne sent point le pédant.

MADELON.

Il en est éloigné de plus de deux mille lieues.

MASCARILLE.

Avez-vous remarqué ce commencement, *Oh! oh!* voilà qui est extraordinaire, *oh! oh!* comme un homme qui s'avise tout d'un coup, *oh! oh!* La surprise, *oh! oh!*

MADELON.

Oui, je trouve ce *oh! oh!* admirable.

MASCARILLE.

Il semble que cela ne soit rien.

CATHOS.

Ah! mon Dieu! que dites-vous là? Ce sont de ces sortes de choses qui ne se peuvent payer.

Marcelle chante impromptu devant Cathos et Madelon.

MADELON.

Sans doute ; et j'aimerais mieux avoir fait ce *oh ! oh !* qu'un poème épique.

MASCARILLE.

Tudieu ! vous avez le goût bon.

MADELON.

Hé ! je ne l'ai pas tout à fait mauvais.

MASCARILLE.

Mais n'admirez-vous pas aussi *je n'y prenais pas garde ? je n'y prenais pas garde*, je ne m'apercevais pas de cela ; façon de parler naturelle, *je n'y prenais pas garde. Tandis que, sans songer à mal, tandis qu'innocemment, sans malice, comme un pauvre mouton, je vous regarde*, c'est-à-dire je m'amuse à vous considérer, je vous observe, je vous contemple ; *votre œil en tapinois...* Que vous semble de ce mot *tapinois ?* n'est-il pas bien choisi ?

CATHOS.

Tout à fait bien.

MASCARILLE.

Tapinois, en cachette ; il semble que ce soit un chat qui vient de prendre une souris, *tapinois.*

MADELON.

Il ne se peut rien de mieux.

MASCARILLE.

Me dérobe mon cœur, me l'emporte, me le ravit ; au voleur ! au voleur ! au voleur ! au voleur ! Ne diriez-vous pas que c'est un homme qui crie et court après un voleur pour le faire arrêter ? *Au voleur ! au voleur ! au voleur ! au voleur !*

MADELON.

Il faut avouer que cela a un tour spirituel et galant.

MASCARILLE.

Je veux vous dire l'air que j'ai fait dessus.

CATHOS.

Vous avez appris la musique ?

MASCARILLE.

Moi ? Point du tout.

CATHOS.

Et comment donc cela se peut-il ?

MASCARILLE.

Les gens de qualité savent tout sans avoir jamais rien appris !

MADELON.

Assurément, ma chère.

MASCARILLE.

Écoutez si vous trouverez l'air à votre goût : *hem, hem, la, la, la, la, la.* La brutalité de la saison a furieusement outragé la délicatesse de ma voix ; mais il n'importe, c'est à la cavalière.

(Il chante.)

Oh ! oh ! je n'y prenais pas garde, etc.

CATHOS.

Ah ! que voilà un air qui est passionné ! Est-ce qu'on n'en meurt point ?

MADELON.

Il y a de la chromatique là-dedans.

MASCARILLE.

Ne trouvez-vous pas la pensée bien exprimée dans le chant ?
Au voleur ! au voleur ! Et puis, comme si l'on criait bien fort,
au, au, au, au, au, voleur ! Et tout d'un coup, comme une personne essoufflée, *au voleur !*

MADELON.

C'est là savoir le fin des choses, le grand fin, le fin du fin. Tout
est merveilleux, je vous assure ; je suis enthousiasmée de l'air et
des paroles.

CATHOS.

Je n'ai encore rien vu de cette force-là.

MASCARILLE.

Tout ce que je fais me vient naturellement, c'est sans étude.

MADELON.

La nature vous a traité en vraie mère passionnée, et vous en
êtes l'enfant gâté.

MASCARILLE.

A quoi donc passez-vous le temps, mesdames ?

CATHOS.

A rien du tout.

MADELON.

Nous avons été jusqu'ici dans un jeûne effroyable de divertis-
sements.

MASCARILLE.

Je m'offre à vous mener l'un de ces jours à la comédie, si vous
voulez ; aussi bien on en doit jouer une nouvelle que je serai bien
aise que nous voyions ensemble.

MADELON.

Cela n'est pas de refus.

MASCARILLE.

Mais je vous demande d'applaudir comme il faut, quand nous
serons là ; car je me suis engagé de faire valoir la pièce, et l'auteur m'en est venu prier encore ce matin. C'est la coutume ici,
qu'à nous autres gens de condition, les auteurs viennent lire leurs
pièces nouvelles, pour nous engager à les trouver belles, et leur
donner de la réputation : et je vous laisse à penser si, quand nous
disons quelque chose, le parterre ose nous contredire ! Pour moi,
j'y suis fort exact ; et quand j'ai promis à quelque poète, je crie
toujours : Voilà qui est beau ! devant que les chandelles soient
allumées.

MADELON.

Ne m'en parlez point : c'est un admirable lieu que Paris ; il s'y
passe cent choses tous les jours, qu'on ignore dans les provinces,
quelque spirituelle qu'on puisse être.

CATHOS.

C'est assez : puisque nous sommes instruites, nous ferons notre
devoir de nous écrier comme il faut sur tout ce qu'on dira.

MASCARILLE.

Je ne sais si je me trompe, mais vous avez toute la mine d'avoir fait quelque comédie.

MADELON.

Hé ! il pourrait être quelque chose de ce que vous dites.

MASCARILLE.

Ah ! ma foi, il faudra que nous la voyions. Entre nous, j'en ai composé une que je veux faire représenter.

CATHOS.

Hé ! à quels comédiens la donnerez-vous ?

MASCARILLE.

Belle demande ! Aux comédiens de l'hôtel de Bourgogne. il n y a qu'eux qui soient capables de faire valoir les choses ; les autres sont des ignorants qui récitent comme l'on parle ; ils ne savent pas faire ronfler les vers, et s'arrêter au bel endroit : et le moyen de connaître où est le beau vers, si le comédien ne s'y arrête, et ne nous avertit par là qu'il faut faire le brouhaha ?

CATHOS.

En effet, il y a manière de faire sentir aux auditeurs les beautés d'un ouvrage ; et les choses ne valent que ce qu'on les fait valoir.

MASCARILLE.

Que vous semble de ma petite oie (1) ? La trouvez-vous congruente à l'habit ?

CATHOS.

Tout à fait.

MASCARILLE.

Le ruban est bien choisi.

MADELON.

Furieusement bien. C'est Perdrigeon tout pur (2).

MASCARILLE.

Que dites-vous de mes canons (3) ?

MADELON.

Ils ont tout à fait bon air.

MASCARILLE.

Je puis me vanter au moins qu'ils ont un grand quartier de plus que tous ceux qu'on fait.

MADELON.

Il faut avouer que je n'ai jamais vu porter si haut l'élégance de l'ajustement.

MASCARILLE.

Attachez un peu sur ces gants la réflexion de votre odorat.

MADELON.

Ils sentent terriblement bon.

(1) *Petite oie* a désigné les accessoires de la toilette, plumes, rubans, dentelles, dont à cette époque le costume masculin était fort chargé.
(F. GÉNIN.)
(2) *Perdrigeon* était le fournisseur des gens à la mode.
(3) *Canons*, large bande d'étoffe ornée de dentelles, qu'on attachait au-dessus du genou, et qui couvrait la moitié de la jambe.

CATHOS.

Je n'ai jamais respiré une odeur mieux conditionnée.

MASCARILLE.

Et celle-là ?

(*Il donne à sentir les cheveux poudrés de sa perruque.*)

MADELON.

Elle est tout à fait de qualité ; le sublime en est touché délicieusement.

MASCARILLE.

Vous ne me dites rien de mes plumes ! Comment les trouvez-vous ?

CATHOS.

Effroyablement belles.

MASCARILLE.

Savez-vous que le brin me coûte un louis d'or ? Pour moi, j'ai cette manie de vouloir donner généralement sur tout ce qu'il y a de plus beau.

MADELON.

Je vous assure que nous sympathisons, vous et moi. J'ai une délicatesse furieuse pour tout ce que je porte ; et jusqu'à mes chaussettes, je ne puis rien souffrir qui ne soit de la bonne faiseuse.

MASCARILLE, *s'écriant brusquement.*

Ah ! ah ! ah ! doucement. Dieu me damne, mesdames, c'est fort mal en user ; j'ai à me plaindre de votre procédé ; cela n'est pas honnête.

CATHOS.

Qu'est-ce donc ? qu'avez-vous ?

MASCARILLE.

Quoi ! toutes deux contre mon cœur en même temps ! M'attaquer à droite et à gauche ! ah ! c'est contre le droit des gens : la partie n'est pas égale, et je m'en vais crier au meurtre.

CATHOS.

Il faut avouer qu'il dit les choses d'une manière particulière.

MADELON.

Il a un tour admirable dans l'esprit.

CATHOS.

Vous avez plus de peur que de mal, et votre cœur crie avant qu'on l'écorche.

MASCARILLE.

Comment, diable ! il est écorché depuis la tête jusqu'aux pieds.

SCÈNE XI.

CATHOS, MADELON, MASCARILLE, MAROTTE.

MAROTTE.

Madame, on demande à vous voir.

MADELON.

Qui ?

MAROTTE.

Le vicomte de Jodelet.

MASCARILLE.

Le vicomte de Jodelet ?

MAROTTE.

Oui, monsieur.

CATHOS.

Le connaissez-vous ?

MASCARILLE.

C'est mon meilleur ami.

MADELON.

Faites entrer vitement.

MASCARILLE.

Il y a quelque temps que nous ne nous sommes vus, et je suis ravi de cette aventure.

CATHOS.

Le voici.

SCÈNE XII.

CATHOS, MADELON, JODELET, MASCARILLE, MAROTTE, ALMANZOR.

MASCARILLE.

Ah ! vicomte !

JODELET, *s'embrassant l'un l'autre.*

Ah ! marquis !

MASCARILLE.

Que je suis aise de te rencontrer !

JODELET.

Que j'ai de joie de te voir ici !

MASCARILLE.

Baise-moi donc encore un peu, je te prie.

MADELON, *à Cathos.*

Ma toute bonne, nous commençons d'être connues ; voilà le beau monde qui prend le chemin de nous venir voir.

MASCARILLE.

Mesdames, agréez que je vous présente ce gentilhomme-ci : sur ma parole, il est digne d'être connu de vous.

JODELET.

Il est juste de venir vous rendre ce qu'on vous doit ; et vos attraits exigent leurs droits seigneuriaux sur toutes sortes de personnes.

MADELON.

C'est pousser vos civilités jusqu'aux derniers confins de la flatterie.

CATHOS.

Cette journée doit être marquée dans notre almanach comme une journée bienheureuse.

MADELON, *à Almanzor.*

Allons, petit garçon, faut-il toujours vous répéter les choses ? Voyez-vous pas qu'il faut le surcroît d'un fauteuil ?

MASCARILLE.

Ne vous étonnez pas de voir le vicomte de la sorte ; il ne fait que sortir d'une maladie qui lui a rendu le visage pâle comme vous le voyez.

JODELET.

Ce sont fruits des veilles de la cour, et des fatigues de la guerre.

MASCARILLE.

Savez-vous, mesdames, que vous voyez dans le vicomte un des vaillants hommes du siècle ? C'est un bravo à trois poils.

JODELET.

Vous ne m'en devez rien, marquis ; et nous savons ce que vous savez faire aussi.

MASCARILLE.

Il est vrai que nous nous sommes vus tous deux dans l'occasion.

JODELET.

Et dans des lieux où il faisait fort chaud.

MASCARILLE, *regardant Cathos et Madelon.*

Oui, mais non pas si chaud qu'ici. Hai, hai, hai !

JODELET.

Notre connaissance s'est faite à l'armée ; et la première fois que nous nous vîmes, il commandait un régiment de cavalerie sur les galères de Malte.

MASCARILLE.

Il est vrai ; mais vous étiez pourtant dans l'emploi avant que j'y fusse ; et je me souviens que je n'étais que petit officier encore, que vous commandiez deux mille chevaux.

JODELET.

La guerre est une belle chose ; mais, ma foi, la cour récompense bien mal aujourd'hui les gens de service comme nous.

MASCARILLE.

C'est ce qui fait que je veux pendre l'épée au croc.

CATHOS.

Pour moi, j'ai un furieux tendre pour les hommes d'épée.

MADELON.

Je les aime aussi ; mais je veux que l'esprit assaisonne la bravoure.

MASCARILLE.

Te souvient-il, vicomte, de cette demi-lune que nous emportâmes sur les ennemis au siège d'Arras ?

JODELET.

Que veux-tu dire avec ta demi-lune ? C'était bien une lune tout entière.

MASCARILLE.

Je pense que tu as raison.

JODELET.

Il m'en doit bien souvenir, ma foi ! j'y fus blessé à la jambe d'un coup de grenade dont je porte encore les marques. Tâtez un peu, de grâce : vous sentirez quel coup c'était là.

CATHOS, *après avoir touché l'endroit.*

Il est vrai que la cicatrice est grande.

MASCARILLE.

Donnez-moi un peu votre main, et tâtez celui-ci ; là, justement au derrière de la tête. Y êtes-vous ?

MADELON.

Oui : je sens quelque chose.

MASCARILLE.

C'est un coup de mousquet que je reçus, la dernière campagne que j'ai faite.

JODELET, *découvrant sa poitrine.*

Voici un autre coup qui me perça de part en part à l'attaque de Gravelines.

MASCARILLE, *mettant la main sur le bouton de son haut-de-chausses.*

Je vais vous montrer une furieuse plaie.

MADELON.

Il n'est pas nécessaire : nous le croyons sans y regarder.

MASCARILLE.

Ce sont des marques honorables qui font voir ce qu'on est.

CATHOS.

Nous ne doutons pas de ce que vous êtes.

MASCARILLE.

Vicomte, as-tu là ton carrosse ?

JODELET.

Pourquoi ?

MASCARILLE.

Nous mènerions promener ces dames hors des portes, et leur donnerions un cadeau.

MADELON.

Nous ne saurions sortir aujourd'hui.

MASCARILLE.

Ayons donc les violons pour danser.

JODELET.

Ma foi ! c'est bien avisé.

MADELON.

Pour cela, nous y consentons : mais il faut donc quelque surcroît de compagnie.

MASCARILLE.

Holà ! Champagne, Picard, Bourguignon, Cascaret, Basque, la Verdure, Lorrain, Provençal, la Violette ! Au diable soient tous les laquais ! Je ne pense pas qu'il y ait gentilhomme en France plus mal servi que moi. Ces canailles me laissent toujours seul.

MADELON.

Almanzor, dites aux gens de monsieur le marquis qu'ils aillent quérir des violons, et nous faites venir ces messieurs et ces dames d'ici près, pour peupler la solitude de notre bal.

(*Almanzor sort.*)

MASCARILLE.

Vicomte, que dis-tu de ces yeux ?

JODELET.

Mais toi-même, marquis, que t'en semble ?

MASCARILLE.

Moi, je dis que nos libertés auront peine à sortir d'ici les braies (1) nettes. Au moins, pour moi, je reçois d'étranges secousses, et mon cœur ne tient qu'à un filet.

MADELON.

Que tout ce qu'il dit est naturel ! Il tourne les choses le plus agréablement du monde.

CATHOS.

Il est vrai qu'il fait une furieuse dépense en esprit.

MASCARILLE.

Pour vous montrer que je suis véritable, je veux faire un impromptu là-dessus.

(Il médite.)

CATHOS.

Hé ! je vous en conjure de toute la dévotion de mon cœur, que nous ayons quelque chose qu'on ait fait pour nous.

JODELET.

J'aurais envie d'en faire autant ; mais je me trouve un peu incommodé de la veine poétique, pour la quantité de saignées que j'y ai faites ces jours passés

MASCARILLE.

Que diable est-ce là ! Je fais toujours bien le premier vers ; mais j'ai peine à faire les autres. Ma foi, ceci est un peu trop pressé ; je vous ferai un impromptu à loisir, que vous trouverez le plus beau du monde.

JODELET.

Il a de l'esprit comme un démon.

MADELON.

Et du galant, et du bien tourné.

MASCARILLE.

Vicomte, dis-moi un peu, y a-t-il longtemps que tu n'as vu la comtesse ?

JODELET.

Il y a plus de trois semaines que je ne lui ai rendu visite.

MASCARILLE.

Sais-tu bien que le duc m'est venu voir ce matin, et m'a voulu mener à la campagne courir un cerf avec lui ?

MADELON.

Voici nos amies qui viennent.

(1) Sortir sain et sauf.

SCÈNE XIII.

LUCILE, CÉLIMÈNE, CATHOS, MADELON, MASCARILLE, JODELET, MAROTTE, ALMANZOR, *violons.*

MADELON.

Mon Dieu! mes chères, nous vous demandons pardon. Ces messieurs ont eu fantaisie de nous donner les âmes des pieds ; et nous vous avons envoyé quérir pour remplir les vides de notre assemblée.

LUCILE.

Vous nous avez obligées, sans doute.

MASCARILLE.

Ce n'est ici qu'un bal à la hâte ; mais, l'un de ces jours, nous vous en donnerons un dans les formes. Les violons sont-ils venus ?

ALMANZOR.

Oui, monsieur; ils sont ici.

CATHOS.

Allons donc, mes chères. prenez place.

MASCARILLE, *dansant lui seul comme par prélude.*

La, la, la, la, la, la, la, la.

MADELON.

Il a la taille tout à fait élégante.

CATHOS.

Et a la mine de danser proprement.

MASCARILLE, *ayant pris Madelon pour danser.*

Ma franchise va danser la courante aussi bien que mes pieds. En cadence, violons; en cadence. Oh! quels ignorants! Il n'y a pas moyen de danser avec eux. Le diable vous emporte! ne sauriez-vous jouer en mesure? La, la, la, la, la, la, la, la. Ferme. O violons de village!

JODELET, *dansant ensuite.*

Holà, ne pressez pas si fort la cadence : je ne fais que sortir de maladie.

SCÈNE XIV.

DU CROISY, LA GRANGE, CATHOS, MADELON, LUCILE, CÉLIMÈNE, JODELET, MASCARILLE, MAROTTE, *violons.*

LA GRANGE, *un bâton à la main.*

Ah! ah! coquins! que faites vous ici? Il y a trois heures que nous vous cherchons.

MASCARILLE, *se sentant battre.*

Ahi! ahi! ahi! vous ne m'aviez pas dit que les coups en seraient aussi.

JODELET.

Ahi! ahi! ahi!

LA GRANGE.

C'est bien à vous, infâme que vous êtes, à vouloir faire l'homme d'importance.

DU CROISY.

Voilà qui vous apprendra à vous connaître.

SCÈNE XV.

CATHOS, MADELON, LUCILE, CÉLIMÈNE, MASCARILLE, JODELET, MAROTTE, *violons.*

MADELON.

Que veut donc dire ceci?

JODELET.

C'est une gageure.

CATHOS.

Quoi! vous laisser battre de la sorte!

MASCARILLE.

Mon Dieu, je n'ai pas voulu faire semblant de rien; car je suis violent, et je me serais emporté.

MADELON.

Endurer un affront comme celui-là en notre présence!

MASCARILLE.

Ce n'est rien : ne laissons pas d'achever. Nous nous connaissons il y a longtemps; et, entre amis, on ne va pas se piquer pour si peu de chose.

SCÈNE XVI.

DU CROISY, LA GRANGE, MADELON, CATHOS, CÉLIMÈNE, LUCILE, MASCARILLE, JODELET, MAROTTE, *violons.*

LA GRANGE.

Ma foi, marauds, vous ne vous rirez pas de nous, je vous promets. Entrez, vous autres.

(*Trois ou quatre spadassins entrent.*)

MADELON.

Quel est donc cette audace, de venir nous troubler de la sorte dans notre maison?

DU CROISY.

Comment! mesdames, nous endurerons que nos laquais soient mieux reçus que nous; qu'ils viennent vous faire l'amour à nos dépens, et vous donnent le bal?

MADELON.

Vos laquais!

LA GRANGE.

Oui, nos laquais : et cela n'est ni beau ni honnête de nous les débaucher comme vous faites.

MADELON.

O ciel! quelle insolence!

LA GRANGE.

Mais ils n'auront pas l'avantage de se servir de nos habits pour vous donner dans la vue ; et si vous les voulez aimer, ce sera, ma foi, pour leurs beaux yeux. Vite, qu'on les dépouille sur-le-champ.

JODELET.

Adieu notre braverie.

MASCARILLE.

Voilà le marquisat et la vicomté à bas.

DU CROISY.

Ah! ah! coquins, vous avez l'audace d'aller sur nos brisées! Vous irez chercher autre part de quoi vous rendre agréables aux yeux de vos belles, je vous en assure.

LA GRANGE.

C'est trop que de nous supplanter, et de nous supplanter avec nos propres habits.

MASCARILLE.

O fortune! quelle est ton inconstance!

DU CROISY.

Vite, qu'on leur ôte jusqu'à la moindre chose.

LA GRANGE.

Qu'on emporte toutes ces hardes, dépêchez. Maintenant, mesdames, en l'état qu'ils sont, vous pouvez continuer vos amours avec eux tant qu'il vous plaira ; nous vous laissons toute sorte de liberté pour cela, et nous vous protestons, monsieur et moi, que nous n'en serons aucunement jaloux.

SCÈNE XVII.

MADELON, CATHOS, JODELET, MASCARILLE, _violons._

CATHOS.

Ah! quelle confusion!

MADELON.

Je crève de dépit.

UN DES VIOLONS, à _Mascarille._

Qu'est-ce donc que ceci ? Qui nous paiera, nous autres ?

MASCARILLE.

Demandez à monsieur le vicomte.

UN DES VIOLONS, à _Jodelet._

Qui est-ce qui nous donnera de l'argent ?

JODELET.

Demandez à monsieur le marquis.

2*

SCÈNE XVIII.

GORGIBUS, MADELON, CATHOS, JODELET, MASCARILLE,
violons.

GORGIBUS.

Ah ! coquines que vous êtes, vous nous mettez dans de
beaux draps blancs, à ce que je vois ; et je viens d'apprendre de
belles affaires, vraiment, de ces messieurs qui sortent!

MADELON.

Ah! mon père, c'est une pièce sanglante qu'ils nous ont faite.

GORGIBUS.

Oui, c'est une pièce sanglante, mais qui est un effet de votre
impertinence, infâmes! Ils se sont ressentis du traitement que vous
leur avez fait, et cependant, malheureux que je suis, il faut que je
boive l'affront.

MADELON.

Ah ! je jure que nous en serons vengées, ou que je mourrai en la
peine. Et vous, marauds, osez-vous vous tenir ici après votre
insolence ?

MASCARILLE.

Traiter comme cela un marquis ! Voilà ce que c'est que du
monde, la moindre disgrâce nous fait mépriser de ceux qui nous
chérissaient. Allons, camarade, allons chercher fortune autre part ;
je vois bien qu'on n'aime ici que la vaine apparence, et qu'on n'y
considère point la vertu toute nue.

SCÈNE XIX.

GORGIBUS, MADELON, CATHOS, *violons.*

UN DES VIOLONS.

Monsieur, nous entendons que vous nous contentiez, à leur
défaut, pour ce que nous avons joué ici.

GORGIBUS, *les battant.*

Oui, oui, je vous vais contenter ; et voici la monnaie dont je vous
veux payer. Et vous, pendardes, je ne sais qui me tient que je ne
vous en fasse autant ; nous allons servir de fable et de risée à tout
le monde, et voilà ce que vous vous êtes attiré par vos extrava-
gances. Allez vous cacher, vilaines; allez vous cacher pour jamais.
(*Seul.*) Et vous, qui êtes cause de leur folie, sottes billevesées, per-
nicieux amusements des esprits oisifs, romans, vers, chansons,
sonnets et sonnettes, puissiez-vous être à tous les diables!

L'AVARE

COMEDIE EN CINQ ACTES

(1668.)

PERSONNAGES.

HARPAGON, père de Cléante et d'Élise, et amoureux de Mariane.
CLÉANTE, fils d'Harpagon, amant de Mariane.
ÉLISE, fille d'Harpagon, amante de Valère.
VALÈRE, fils d'Anselme, et amant d'Élise.
MARIANE, amante de Cléante, et aimée d'Harpagon.
FROSINE, femme d'intrigue.
MAITRE SIMON, courtier.
MAITRE JACQUES, cuisinier et cocher d'Harpagon.
LA FLÈCHE, valet de Cléante.
DAME CLAUDE, servante d'Harpagon.
BRINDAVOINE, } laquais d'Harpagon.
LA MERLUCHE, }
UN COMMISSAIRE et son CLERC.

(*La scène est à Paris, dans la maison d'Harpagon.*)

ACTE PREMIER

SCÈNE PREMIÈRE.

HARPAGON, LA FLÈCHE.

HARPAGON.

Hors d'ici tout à l'heure, et qu'on ne réplique pas. Allons, que l'on détale de chez moi, maitre juré filou, vrai gibier de potence !

LA FLÈCHE, *à part.*

Je n'ai jamais rien vu de si méchant que ce maudit vieillard ; et je pense, sauf correction, qu'il a le diable au corps.

HARPAGON.

Tu murmures entre tes dents ?

LA FLÈCHE.

Pourquoi me chassez-vous ?

HARPAGON.

C'est bien à toi, pendard à me demander des raisons ! Sors vite, que je ne t'assomme.

LA FLÈCHE.

Qu'est-ce que je vous ai fait ?

HARPAGON.

Tu m'as fait que je veux que tu sortes.

LA FLÈCHE.

Mon maître, votre fils m'a donné ordre de l'attendre.

HARPAGON.

Va-t-en l'attendre dans la rue, et ne sois point dans ma maison planté tout droit comme un piquet, à observer ce qui se passe, et faire ton profit de tout. Je ne veux point avoir sans cesse devant moi un espion de mes affaires, un traître dont les yeux maudits assiègent toutes mes actions, dévorent ce que je possède, et furètent de tous côtés pour voir s'il n'y a rien à voler.

LA FLÈCHE.

Comment diantre voulez-vous qu'on fasse pour vous voler ? Êtes-vous un homme volable, quand vous renfermez toutes choses, et faites sentinelle jour et nuit ?

HARPAGON.

Je veux renfermer ce que bon me semble, et faire sentinelle comme il me plaît. Ne voilà pas de mes mouchards, qui prennent garde à ce qu'on fait ? (Bas, à part.) Je tremble qu'il n'ait soupçonné quelque chose de mon argent. (Haut.) Ne serais-tu point un homme à faire courir le bruit que j'ai chez moi de l'argent caché ?

LA FLÈCHE.

Vous avez de l'argent caché ?

HARPAGON.

Non, coquin, je ne dis pas cela. (Bas.) J'enrage. (Haut.) Je demande si, malicieusement, tu n'irais point faire courir le bruit que j'en ai.

LA FLÈCHE.

Hé ! que nous importe que vous en ayez, ou que vous n'en ayez pas, si c'est pour nous la même chose ?

HARPAGON, levant la main pour donner un soufflet à La Flèche.

Tu fais le raisonneur ! Je te baillerai de ce raisonnement-ci par les oreilles. Sors d'ici, encore une fois.

LA FLÈCHE.

Hé bien ! je sors.

HARPAGON.

Attends : ne m'emportes-tu rien ?

LA FLÈCHE.

Que vous emporterais-je ?

HARPAGON.

Viens, viens çà, que je voie. Montre-moi tes mains.

LA FLÈCHE.

Les voilà.

L'AVARE

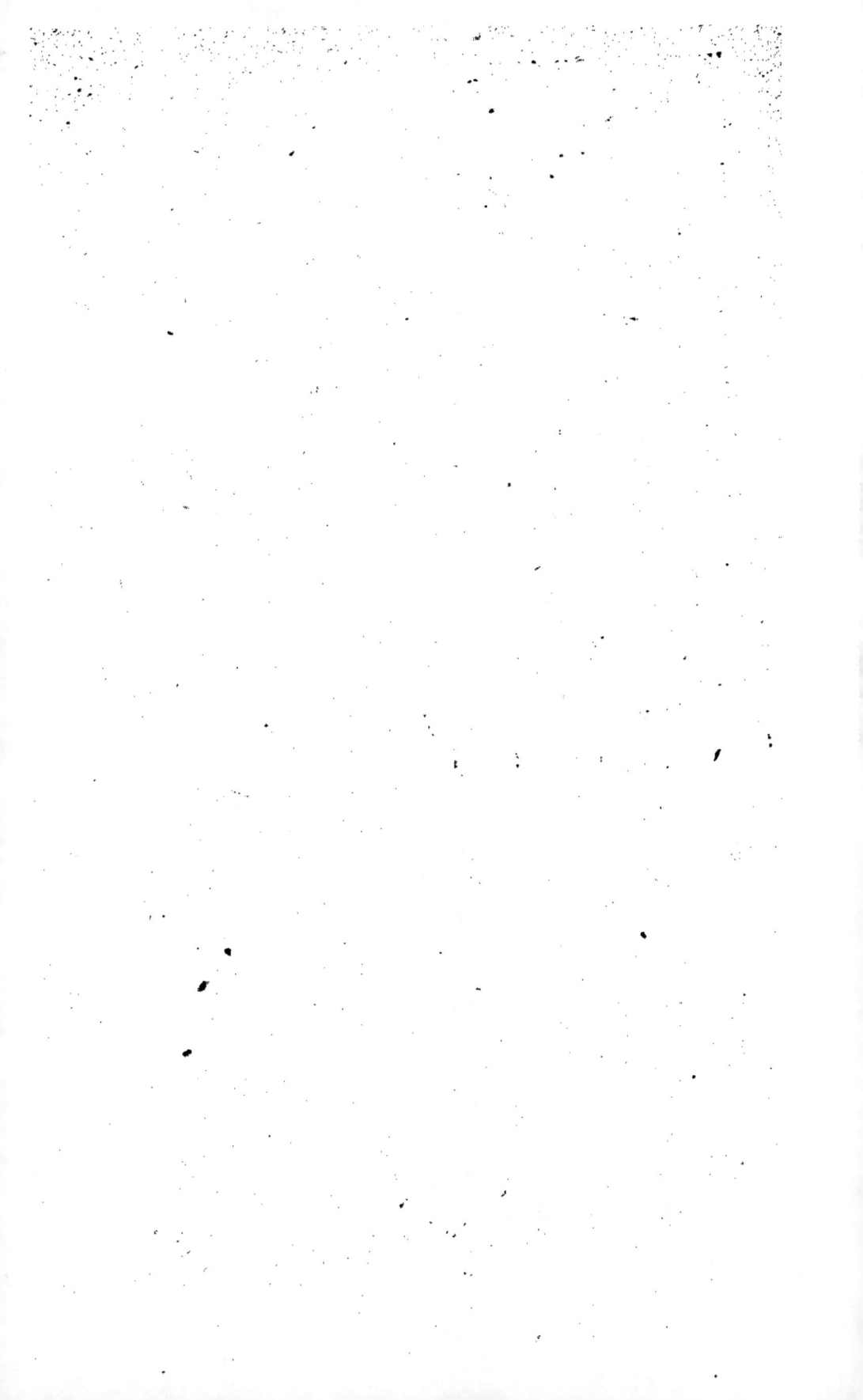

HARPAGON.

Les autres.

LA FLÈCHE.

Les autres ?

HARPAGON.

Oui.

LA FLÈCHE.

Les voilà.

HARPAGON, *montrant les hauts-de-chausses de La Flèche.*
N'as-tu rien mis ici dedans ?

LA FLÈCHE.

Voyez vous-même.

HARPAGON, *tâtant le bas des chausses de La Flèche.*
Ces grands hauts-de-chausses sont propres à devenir les recéleurs des choses qu'on dérobe ; et je voudrais qu'on en eût fait pendre quelqu'un.

LA FLÈCHE, *à part.*
Ah ! qu'un homme comme cela mériterait bien ce qu'il craint ! et que j'aurais de joie à le voler !

HARPAGON.

Euh !

LA FLÈCHE.

Quoi ?

HARPAGON.

Qu'est-ce que tu parles de voler ?

LA FLÈCHE.

Je vous dis que vous fouilliez bien partout, pour voir si je vous ai volé.

HARPAGON.

C'est ce que je veux faire.
(Harpagon fouille dans les poches de La Flèche.)

LA FLÈCHE, *à part.*
La peste soit de l'avarice et des avaricieux !

HARPAGON.

Comment ? que dis-tu ?

LA FLÈCHE.

Ce que je dis !

HARPAGON.

Oui ; qu'est-ce que tu dis d'avarice et d'avaricieux ?

LA FLÈCHE.

Je dis que la peste soit de l'avarice et des avaricieux.

HARPAGON.

De qui veux-tu parler ?

LA FLÈCHE.

Des avaricieux.

HARPAGON.

Et qui sont-ils, ces avaricieux ?

LA FLÈCHE.

Des vilains et des ladres.

HARPAGON.

Mais qui est-ce que tu entends par là ?

LA FLÈCHE.

De quoi vous mettez-vous en peine ?

HARPAGON.

Je me mets en peine de ce qu'il faut.

LA FLÈCHE.

Est-ce que vous croyez que je veux parler de vous ?

HARPAGON.

Je crois ce que je crois ; mais je veux que tu me dises à qui tu parles quand tu dis cela.

LA FLÈCHE.

Je parle... je parle à mon bonnet.

HARPAGON.

Et moi, je pourrais bien parler à ta barrette.

LA FLÈCHE.

M'empêcherez-vous de maudire les avaricieux ?

HARPAGON.

Non ; mais je t'empêcherai de jaser et d'être insolent. Tais-toi.

LA FLÈCHE.

Je ne nomme personne.

HARPAGON.

Je te rosserai si tu parles.

LA FLÈCHE.

Qui se sent morveux, qu'il se mouche.

HARPAGON.

Te tairas-tu ?

LA FLÈCHE.

Oui, malgré moi.

HARPAGON.

Ah ! ah !

LA FLÈCHE, *montrant à Harpagon une poche de son justaucorps.*
Tenez, voilà encore une poche : êtes-vous satisfait ?

HARPAGON.

Allons, rends-le-moi sans te fouiller.

LA FLÈCHE.

Quoi ?

HARPAGON.

Ce que tu m'as pris ?

LA FLÈCHE.

Je ne vous ai rien pris du tout.

HARPAGON.

Assurément ?

LA FLÈCHE.

Assurément.

HARPAGON.

Adieu. Va-t'en à tous les diables.

LA FLÈCHE, *à part.*
Me voilà fort bien congédié.

HARPAGON.

Je te mets sur ta conscience, au moins

SCÈNE II.

HARPAGON, *seul.*

Voilà un pendard de valet qui m'incommode fort ; et je ne me plais point à voir ce chien de boiteux-là. Certes, ce n'est pas une petite peine que de garder chez soi une grande somme d'argent ; et bien heureux qui a tout son fait bien placé, et ne conserve seulement que ce qu'il faut pour sa dépense ! On n'est pas peu embarrassé à inventer, dans toute une maison, une cache fidèle car, pour moi, les coffres-forts me sont suspects, et je ne veux jamais m'y fier. Je les tiens justement une franche amorce à voleurs ; et c'est toujours la première chose que l'on va attaquer.

SCÈNE III.

HARPAGON, ÉLISE ET CLÉANTE, *parlant ensemble et restant dans le fond du théâtre.*

HARPAGON, *se croyant seul.*

Cependant, je ne sais si j'aurai bien fait d'avoir enterré, dans mon jardin, dix mille écus qu'on me rendit hier. Dix mille écus en or chez soi est une somme assez..... (*A part, apercevant Élise et Cléante.*) O ciel ! je me serai trahi moi-même ! la chaleur m'aura emporté, et je crois que j'ai parlé haut, en raisonnant tout seul. (*A Cléante et à Élise.*) Qu'est-ce ?

CLÉANTE.

Rien, mon père.

HARPAGON.

Y a-t-il longtemps que vous êtes là ?

ÉLISE.

Nous ne venons que d'arriver.

HARPAGON.

Vous avez entendu...

CLÉANTE.

Quoi, mon père ?

HARPAGON.

Là...

ÉLISE.

Quoi ?

HARPAGON.

Ce que je viens de dire ?

CLÉANTE.

Non.

HARPAGON.

Si fait, si fait.

ÉLISE.

Pardonnez-moi.

HARPAGON.

Je vois bien que vous en avez ouï quelques mots. C'est que je m'entretenais en moi-même de la peine qu'il y a aujourd'hui à trouver de l'argent, et je disais qu'il est bien heureux qui peut avoir dix mille écus chez soi.

CLÉANTE.

Nous feignions à vous aborder, de peur de vous interrompre.

HARPAGON.

Je suis bien aise de vous dire cela, afin que vous n'alliez pas prendre les choses de travers, et vous imaginer que je dise que c'est moi qui ai dix mille écus.

CLÉANTE.

Nous n'entrons point dans vos affaires.

HARPAGON.

Plût à Dieu que je les eusse, dix mille écus !

CLÉANTE.

Je ne crois pas...

HARPAGON.

Ce serait une bonne affaire pour moi.

ÉLISE.

Ce sont des choses....

HARPAGON.

J'en aurais bon besoin.

CLÉANTE.

Je pense que...

HARPAGON.

Cela m'accommoderait fort.

ÉLISE.

Vous êtes...

HARPAGON.

Et je ne me plaindrais pas, comme je fais, que le temps est misérable.

CLÉANTE.

Mon Dieu ! mon père, vous n'avez pas lieu de vous plaindre, et l'on sait que vous avez assez de bien.

HARPAGON.

Comment, j'ai assez de bien ! Ceux qui le disent en ont menti. Il n'y a rien de plus faux ; et ce sont des coquins qui font courir tous ces bruits-là.

ÉLISE.

Ne vous mettez point en colère.

HARPAGON.

Cela est étrange, que mes propres enfants me trahissent, et deviennent mes ennemis.

CLÉANTE.

Est-ce être votre ennemi que de dire que vous avez du bien ?

HARPAGON.

Oui. De pareils discours, et les dépenses que vous faites, seront cause qu'un de ces jours on viendra chez moi me couper la gorge, dans la pensée que je suis tout cousu de pistoles.

CLÉANTE.

Quelle grande dépense est-ce que je fais ?

HARPAGON.

Quelle? E-t-il rien de plus scandaleux que ce somptueux équipage que vous promenez par la ville ? Je querellais hier votre sœur ; mais c'est encore pis. Voilà qui crie vengeance au ciel ; et, à vous prendre depuis les pieds jusqu'à la tête, il y aurait là de quoi faire une bonne constitution. Je vous l'ai dit vingt fois, mon fils, toutes vos manières me déplaisent fort ; vous donnez furieusement dans le marquis ; et, pour aller ainsi vêtu, il faut bien que vous me dérobiez.

CLÉANTE.

Hé ! comment vous dérober ?

HARPAGON.

Que sais-je, moi ? Où pouvez-vous donc prendre de quoi entretenir l'état que vous portez ?

CLÉANTE.

Moi, mon père ? c'est que je joue ; et, comme je suis fort heureux, je mets sur moi tout l'argent que je gagne.

HARPAGON.

C'est fort mal fait. Si vous êtes heureux au jeu, vous en devriez profiter, et mettre à honnête intérêt l'argent que vous gagnez, afin de le trouver un jour. Je voudrais bien savoir, sans parler du reste, à quoi servent tous ces rubans dont vous voilà lardé depuis les pieds jusqu'à la tête, et si une demi-douzaine d'aiguillettes ne suffit pas pour attacher un haut-de-chausses. Il est bien nécessaire d'employer de l'argent à des perruques, lorsque l'on peut porter des cheveux de son cru, qui ne coûtent rien ! Je vais gager qu'en perruques et rubans il y a du moins vingt pistoles ; et vingt pistoles rapportent par année dix-huit livres six sous huit deniers, à ne les placer qu'au denier douze.

CLÉANTE.

Vous avez raison.

HARPAGON.

Laissons cela, et parlons d'autre affaire. (*Apercevant Cléante et Élise qui se font des signes.*) Hé ! (*Bas, à part.*) Je crois qu'ils se font signe l'un à l'autre de me voler ma bourse. (*Haut.*) Que veulent dire ces gestes-là ?

ÉLISE.

Nous marchandons, mon frère et moi, à qui parlera le premier ; et nous avons tous deux quelque chose à vous dire.

HARPAGON.

Et moi j'ai quelque chose aussi à vous dire à tous deux.

CLÉANTE.

C'est de mariage, mon père, que nous désirons vous parler.

HARPAGON.

Et c'est de mariage aussi que je veux vous entretenir.

ÉLISE.

Ah ! mon père!

HARPAGON.

Pourquoi ce cri ? Est-ce le mot, ma fille, ou la chose qui vous fait peur ?

CLÉANTE.

Le mariage peut nous faire peur à tous deux, de la façon que vous pouvez l'entendre ; et nous craignons que nos sentiments ne soient pas d'accord avec votre choix.

HARPAGON.

Un peu de patience ; ne vous alarmez point. Je sais ce qu'il faut à tous deux, et vous n'aurez, ni l'un ni l'autre, aucun lieu de vous plaindre de tout ce que je prétends faire ; et, pour commencer par un bout (*à Cléante*), avez-vous vu, dites-moi, une jeune personne appelée Mariane, qui ne loge pas loin d'ici ?

CLÉANTE.

Oui, mon père.

HARPAGON.

Et vous ?

ÉLISE.

J'en ai ouï parler.

HARPAGON.

Comment, mon fils, trouvez-vous cette fille ?

CLÉANTE.

Une fort charmante personne.

HARPAGON.

Sa physionomie ?

CLÉANTE.

Tout honnête et pleine d'esprit.

HARPAGON.

Son air et sa manière ?

CLÉANTE.

Admirables, sans doute.

HARPAGON.

Ne croyez-vous pas qu'une fille comme cela mériterait assez que l'on songeât à elle ?

CLÉANTE.

Oui, mon père.

HARPAGON.

Que ce serait un parti souhaitable ?

CLÉANTE.

Très souhaitable.

HARPAGON.

Qu'elle a toute la mine de faire un bon ménage?

CLÉANTE.

Sans doute.

HARPAGON.

Et qu'un mari aurait satisfaction avec elle ?

CLÉANTE.

Assurément.

HARPAGON.

Il y a une petite difficulté : c'est que j'ai peur qu'il n'y ait pas avec elle tout le bien qu'on pourrait prétendre.

CLÉANTE.

Ah ! mon père, le bien n'est pas considérable , lorsqu'il est question d'épouser une honnête personne.

HARPAGON.

Pardonnez-moi, pardonnez-moi. Mais ce qu'il y a à dire, c'est que, si l'on n'y trouve pas tout le bien qu'on souhaite, on peut tâcher de regagner cela sur autre chose.

CLÉANTE.

Cela s'entend.

HARPAGON.

Enfin, je suis bien aise de vous voir dans mes sentiments : car son maintien honnête et sa douceur m'ont gagné l'âme, et je suis résolu de l'épouser, pourvu que j'y trouve quelque bien.

CLÉANTE.

Euh !

HARPAGON.

Comment ?

CLÉANTE.

Vous êtes résolu, dites-vous....

HARPAGON

D'épouser Mariane.

CLÉANTE.

Qui ? Vous, vous ?

HARPAGON.

Oui, moi, moi, moi. Que veut dire cela ?

CLÉANTE.

Il m'a pris tout à coup un éblouissement, et je me retire d'ici.

HARPAGON.

Cela ne sera rien. Allez vite boire dans la cuisine un grand verre d'eau claire.

SCÈNE IV.

HARPAGON, ÉLISE.

HARPAGON.

Voilà de mes damoiseaux flouets, qui n'ont non plus de vigueur que des poules. C'est là, ma fille, ce que j'ai résolu pour moi. Quant à ton frère, je lui destine une certaine veuve dont, ce matin, on m'est venu parler ; et, pour toi, je te donne au seigneur Anselme.

ÉLISE.

Au seigneur Anselme ?

HARPAGON.

Oui, un homme mûr, prudent et sage, qui n'a pas plus de cinquante ans, et dont on vante les grands biens.

ÉLISE, *faisant la révérence.*

Je ne veux point me marier, mon père, s'il vous plaît.

HARPAGON, *contrefaisant Élise.*

Et moi, ma petite fille, ma mie, je veux que vous vous mariiez, s'il vous plait.

ÉLISE, *faisant encore la révérence.*

Je vous demande pardon, mon père.

HARPAGON, *contrefaisant Élise.*

Je vous demande pardon, ma fille.

ÉLISE.

Je suis très humble servante au seigneur Anselme ; mais (*faisant encore la révérence*), avec votre permission, je ne l'épouserai point.

HARPAGON.

Je suis votre très humble valet, mais (*contrefaisant Élise*), avec votre permission, vous l'épouserez dès ce soir.

ÉLISE.

Dès ce soir ?

HARPAGON.

Dès ce soir.

ÉLISE, *faisant encore la révérence.*

Cela ne sera pas, mon père.

HARPAGON, *contrefaisant encore Élise.*

Cela sera, ma fille.

ÉLISE.

Non.

HARPAGON.

Si.

ÉLISE.

Non, vous dis-je.

HARPAGON.

Si, vous dis-je.

ÉLISE.

C'est une chose où vous ne me réduirez point.

HARPAGON.

C'est une chose où je te réduirai.

ÉLISE.

Je me tuerai plutôt que d'épouser un tel mari.

HARPAGON.

Tu ne te tueras point, et tu l'épouseras. Mais voyez quelle audace ! A-t-on jamais vu une fille parler de la sorte à son père ?

ÉLISE.

Mais a-t-on jamais vu un père marier sa fille de la sorte ?

HARPAGON.

C'est un parti où il n'y a rien à redire ; et je gage que tout le monde approuvera mon choix.

ÉLISE.

Et moi, je gage qu'il ne saurait être approuvé d'aucune personne raisonnable.

HARPAGON, *apercevant Valère de loin.*

Voilà Valère. Veux-tu qu'entre nous deux nous le fassions juge de cette affaire?

ÉLISE.

J'y consens.

HARPAGON.

Te rendras-tu à son jugement ?

ÉLISE.

Oui ; j'en passerai par ce qu'il dira.

HARPAGON.

Voilà qui est fait.

SCÈNE V.

VALÈRE, HARPAGON, ÉLISE.

HARPAGON.

Ici, Valère. Nous t'avons élu pour nous dire qui a raison de ma fille ou de moi.

VALÈRE.

C'est vous, monsieur, sans contredit.

HARPAGON.

Sais-tu bien de quoi nous parlons ?

VALÈRE.

Non. Mais vous ne sauriez avoir tort, et vous êtes toute raison.

HARPAGON.

Je veux, ce soir, lui donner pour époux un homme aussi riche que sage ; et la coquine me dit au nez qu'elle se moque de le prendre. Que dis-tu de cela ?

VALÈRE.

Ce que j'en dis ?

HARPAGON.

Oui.

VALÈRE.

Hé ! hé !

HARPAGON.

Quoi ?

VALÈRE.

Je dis que, dans le fond, je suis de votre sentiment, et vous ne pouvez pas que vous n'ayez raison. Mais aussi n'a-t-elle pas tort tout à fait, et...

HARPAGON.

Comment ? le seigneur Anselme est un parti considérable ; c'est un gentilhomme qui est noble, doux, posé, sage et fort accommodé, et auquel il ne reste aucun enfant de son premier mariage. Saurait-elle mieux rencontrer ?

VALÈRE.

Cela est vrai. Mais elle pourrait vous dire que c'est un peu précipiter les choses, et qu'il faudrait au moins quelque temps pour voir si son inclination pourrait s'accommoder avec...

HARPAGON.

C'est une occasion qu'il faut prendre vite aux cheveux. Je

trouve ici un avantage qu'ailleurs je ne trouverais pas ; et il s'engage à la prendre sans dot.

VALÈRE.

Sans dot ?

HARPAGON.

Oui.

VALÈRE.

Ah ! je ne dis plus rien. Voyez-vous? voilà une raison tout à fait convaincante ; il se faut rendre à cela.

HARPAGON.

C'est pour moi une épargne considérable.

VALÈRE.

Assurément ; cela ne reçoit point de contradiction. Il est vrai que votre fille vous peut représenter que le mariage est une plus grande affaire qu'on ne peut croire ; qu'il y va d'être heureux ou malheureux toute sa vie ; et qu'un engagement qui doit durer jusqu'à la mort ne se doit jamais faire qu'avec de grandes précautions.

HARPAGON.

Sans dot !

VALÈRE.

Vous avez raison : voilà qui décide tout; cela s'entend. Il y a des gens qui pourraient vous dire qu'en de telles occasions, l'inclination d'une fille est une chose, sans doute, où l'on doit avoir de l'égard ; et que cette grande inégalité d'âge, d'humeur et de sentiments, rend un mariage sujet à des accidents très fâcheux.

HARPAGON.

Sans dot !

VALÈRE.

Ah! il n'y a pas de réplique à cela; on le sait bien. Qui diantre peut aller là contre ? Ce n'est pas qu'il n'y ait quantité de pères qui aimeraient mieux ménager la satisfaction de leurs filles, que l'argent qu'ils pourraient donner; qui ne les voudraient point sacrifier à l'intérêt, et chercheraient plus que toute autre chose à mettre dans un mariage cette douce conformité qui, sans cesse, y maintient l'honneur, la tranquillité et la joie; et que...

HARPAGON.

Sans dot !

VALÈRE.

Il est vrai; cela ferme la bouche à tout. Sans dot ! Le moyen de résister à une raison comme celle-là ?

HARPAGON, *à part, regardant du côté du jardin.*

Ouais! il me semble que j'entends un chien qui aboie. N'est-ce point qu'on en voudrait à mon argent? (*A Valère.*) Ne bougez; je reviens tout à l'heure.

SCÈNE VI.

ÉLISE VALÈRE.

ÉLISE.

Vous moquez-vous, Valère, de lui parler comme vous faites?

VALÈRE.

C'est pour ne point l'aigrir, et pour en venir mieux à bout. Heurter de front ses sentiments est le moyen de tout gâter ; et il y a de certains esprits qu'il ne faut prendre qu'en biaisant ; des tempéraments ennemis de toute résistance ; des naturels rétifs, que la vérité fait cabrer, qui toujours se roidissent contre le droit chemin de la raison, et qu'on ne mène qu'en tournant où l'on veut les conduire. Faites semblant de consentir à ce qu'il veut, vous en viendrez mieux à vos fins ; et...

ÉLISE.

Mais ce mariage, Valère!

VALÈRE.

On cherchera des biais pour le rompre.

ÉLISE.

Mais quelle invention trouver, s'il se doit conclure ce soir ?

VALÈRE.

Il faut demander un délai, et feindre quelque maladie.

ÉLISE.

Mais on découvrira la feinte, si l'on appelle des médecins.

VALÈRE.

Vous moquez-vous? Y connaissent-ils quelque chose? Allez, allez, vous pourrez avec eux avoir quel mal il vous plaira ; ils vous trouveront des raisons pour vous dire d'où cela vient.

SCÈNE VII.

HARPAGON, ÉLISE, VALÈRE.

HARPAGON, *à part, dans le fond du théâtre.*

Ce n'est rien, Dieu merci.

VALÈRE, *sans voir Harpagon.*

Enfin, notre dernier recours, c'est que la fuite nous peut mettre à couvert de tout ; et si votre amour, belle Élise, est capable d'une fermeté... (*Apercevant Harpagon.*) Oui, il faut qu'une fille obéisse à son père. Il ne faut point qu'elle regarde comme un mari est fait ; et, lorsque la grande raison de *sans dot* s'y rencontre, elle doit être prête à prendre tout ce qu'on lui donne.

HARPAGON.

Bon ; voilà bien parlé, cela !

VALÈRE.

Monsieur, je vous demande pardon si je m'emporte un peu, et prends la hardiesse de lui parler comme je fais.

HARPAGON.

Comment! j'en suis ravi, et je veux que tu prennes sur elle un pouvoir absolu. (*A Élise.*) Oui, tu as beau fuir, je lui donne l'autorité que le ciel me donne sur toi, et j'entends que tu fasses tout ce qu'il te dira.

VALÈRE, *à Élise.*

Après cela, résistez à mes remontrances.

SCÈNE VIII.

HARPAGON, VALÈRE.

VALÈRE.

Monsieur, je vais la suivre, pour lui continuer les leçons que je lui faisais.

HARPAGON.

Oui ; tu m'obligeras. Certes...

VALÈRE.

Il est bon de lui tenir un peu la bride haute.

HARPAGON.

Cela est vrai. Il faut...

VALÈRE.

Ne vous mettez pas en peine. Je crois que j'en viendrai à bout.

HARPAGON.

Fais, fais. Je m'en vais faire un petit tour en ville, et reviens tout à l'heure.

VALÈRE, *adressant la parole à Élise, en s'en allant du côté par où elle est sortie.*

Oui, l'argent est plus précieux que toutes les choses du monde, et vous devez rendre grâces au ciel de l'honnête homme de père qu'il vous a donné. Il sait ce que c'est que de vivre. Lorsqu'on s'offre de prendre une fille sans dot, on ne doit point regarder plus avant. Tout est renfermé là dedans ; et *sans dot* tient lieu de beauté, de jeunesse, de naissance, d'honneur, de sagesse et de probité.

HARPAGON.

Ah! le brave garçon! Voilà parler comme un oracle. Heureux qui peut avoir un domestique de la sorte!

ACTE SECOND

SCÈNE PREMIÈRE.

LA FLÈCHE, FROSINE.

LA FLÈCHE, *sans voir Frosine.*

L'aventure est tout à fait drôle ! Il faut bien qu'il ait quelque part un ample magasin de hardes ; car nous n'avons rien reconnu au mémoire que nous avons.

FROSINE.

Hé! c'est toi, mon pauvre La Flèche ! D'où vient cette rencontre

LA FLÈCHE.

Ah! ah! c'est toi, Frosine? Que viens-tu faire ici ?

FROSINE.

Ce que je fais partout ailleurs: m'entremettre d'affaires, me rendre serviable aux gens, et profiter, du mieux qu'il m'est possible, des petits talents que je puis avoir. Tu sais que, dans ce monde, il faut vivre d'adresse, et qu'aux personnes comme moi le ciel n'a donné d'autres rentes que l'intrigue et que l'industrie.

LA FLÈCHE.

As-tu quelque négoce avec le patron du logis?

FROSINE.

Oui. Je traite pour lui quelque petite affaire, dont j'espère une récompense.

LA FLÈCHE.

De lui? Ah! ma foi, tu seras bien fine, si tu en tires quelque chose ; et je te donne avis que l'argent céans est fort cher.

FROSINE.

Il y a de certains services qui touchent merveilleusement.

LA FLÈCHE.

Je suis votre valet ; et tu ne connais pas encore le seigneur Harpagon. Le seigneur Harpagon est, de tous les humains, l'humain le moins humain, le mortel de tous les mortels le plus dur et le plus serré Il n'est point de service qui pousse sa reconnaissance jusqu'à lui faire ouvrir les mains. De la louange, de l'estime, de la bienveillance en paroles, et de l'amitié, tant qu'il vous plaira ; mais de l'argent, point d'affaires. Il n'est rien de plus sec et de plus aride que ses bonnes grâces et ses caresses ; et *donner* est un mot pour qui il a tant d'aversion, qu'il ne dit jamais, *Je vous donne,* mais *Je vous prête le bonjour.*

FROSINE.

Mon Dieu! je sais l'art de traire les hommes ; j'ai le secret de m'ouvrir leur tendresse, de chatouiller leurs cœurs, de trouver les endroits par où ils sont sensibles.

LA FLÈCHE.

Bagatelles ici. Je te défie d'attendrir, du côté de l'argent, l'homme dont il est question. Il est Turc là-dessus, mais d'une turquerie à désespérer tout le monde; et l'on pourrait crever, qu'il n'en branlerait pas. En un mot, il aime l'argent plus que réputation, qu'honneur et que vertu; et la vue d'un demandeur lui donne des convulsions; c'est le frapper par son endroit mortel, c'est lui percer le cœur, c'est lui arracher les entrailles; et si... Mais il revient: je me retire.

SCÈNE II.

HARPAGON, FROSINE.

HARPAGON, *bas.*

Tout va comme il faut. (*Haut.*) Hé bien! qu'est-ce, Frosine?

FROSINE.

Ah! mon Dieu, que vous vous portez bien, et que vous avez là un vrai visage de santé!

HARPAGON.

Qui? moi!

FROSINE.

Jamais je ne vous vis un teint si frais et si gaillard.

HARPAGON.

Tout de bon?

FROSINE.

Comment! vous n'avez de votre vie été si jeune que vous êtes; et je vois des gens de vingt-cinq ans qui sont plus vieux que vous.

HARPAGON.

Cependant, Frosine, j'en ai soixante bien comptés.

FROSINE.

Hé bien! qu'est-ce que cela, soixante ans? Voilà bien de quoi! C'est la fleur de l'âge, cela; et vous entrez maintenant dans la belle saison de l'homme.

HARPAGON.

Il est vrai; mais vingt années de moins, pourtant, ne me feraient point de mal, que je crois.

FROSINE.

Vous moquez-vous? Vous n'avez pas besoin de cela, et vous êtes d'une pâte à vivre jusques à cent ans.

HARPAGON.

Tu le crois?

FROSINE.

Assurément. Vous en avez toutes les marques. Tenez-vous un peu. Oh! que voilà bien là, entre vos deux yeux, un signe de longue vie!

Harpagon et Frosine.

HARPAGON.

Tu te connais à cela?

FROSINE.

Sans doute. Montrez-moi votre main. Mon Dieu, quelle ligne de vie!

HARPAGON.

Comment!

FROSINE.

Ne voyez-vous pas jusqu'où va cette ligne-là?

HARPAGON.

Hé bien! qu'est-ce que cela veut dire?

FROSINE.

Par ma foi, je disais cent ans; mais vous passerez les six-vingts.

HARPAGON.

Est-il possible?

FROSINE.

Il faudra vous assommer, vous dis-je, et vous mettrez en terre et vos enfants, et les enfants de vos enfants.

HARPAGON.

Tant mieux! Comment va notre affaire?

FROSINE.

Faut-il le demander? et me voit-on mêler de rien dont je ne vienne à bout? J'ai, surtout pour les mariages, un talent merveilleux. Il n'est point de partis au monde que je ne trouve en peu de temps le moyen d'accoupler; et je crois, si je me l'étais mis en tête, que je marierais le Grand-Turc avec la république de Venise. Il n'y avait pas, sans doute, de si grandes difficultés à cette affaire-ci. Comme j'ai commerce chez elles, je les ai à fond l'une et l'autre entretenues de vous; et j'ai dit à la mère le dessein que vous aviez conçu pour Mariane, à la voir passer dans la rue, et prendre l'air à sa fenêtre.

HARPAGON.

Qui a fait réponse...

FROSINE.

Elle a reçu la proposition avec joie; et quand je lui ai témoigné que vous souhaitiez fort que sa fille assistât ce soir au contrat de mariage qui se doit faire de la vôtre, elle y a consenti sans peine, et me l'a confiée pour cela.

HARPAGON.

C'est que je suis obligé, Frosine, de donner à souper au seigneur Anselme; et je serais bien aise qu'elle soit du régal.

FROSINE.

Vous avez raison. Elle doit, après dîner, rendre visite à votre fille, d'où elle fait son compte d'aller faire un tour à la foire, pour venir ensuite au souper.

HARPAGON.

Hé bien! elles iront ensemble dans mon carrosse, que je leur prêterai.

FROSINE.

Voilà justement son affaire.

HARPAGON.

Mais, Frosine, as-tu entretenu la mère touchant le bien qu'elle peut donner à sa fille? Lui as-tu dit qu'il fallait qu'elle s'aidât un peu, qu'elle fit quelque effort, qu'elle se saignât pour une occasion comme celle-ci? Car encore n'épouse-t-on point une fille sans qu'elle apporte quelque chose.

FROSINE.

Comment! c'est une fille qui vous apporte douze mille livres de rente.

HARPAGON.

Douze mille livres de rente!

FROSINE.

Oui. Premièrement, elle est nourrie et élevée dans une grande épargne de bouche. C'est une fille accoutumée à vivre de salade, de lait, de fromage et de pommes, et à laquelle, par conséquent, il ne faudra ni table bien servie, ni consommé exquis, ni orges mondés perpétuels, ni les autres délicatesses qu'il faudrait pour une autre femme; et cela ne va pas à si peu de chose, qu'il ne monte bien tous les ans à trois mille francs pour le moins. Outre cela, elle n'est curieuse que d'une propreté fort simple, et n'aime point les superbes habits, ni les riches bijoux, ni les meubles somptueux, où donnent ses pareilles avec tant de chaleur; et cet article-là vaut plus de quatre mille livres par an. De plus, elle a une aversion horrible pour le jeu, ce qui n'est pas commun aux femmes d'aujourd'hui; et j'en sais une de nos quartiers qui a perdu, à trente et quarante, vingt mille francs cette année. Mais n'en prenons rien que le quart. Cinq mille francs au jeu par an, et quatre mille francs en habits et bijoux, cela fait neuf mille livres; et mille écus que nous mettons pour la nourriture, ne voilà-t-il pas par année vos douze mille francs bien compts!

HARPAGON.

Oui: cela n'est pas mal; mais ce compte-là n'est rien de réel.

FROSINE.

Pardonnez-moi. N'est-ce pas quelque chose de réel, que de vous apporter en mariage une grande sobriété, l'héritage d'un grand amour de simplicité de parure, et l'acquisition d'un grand fonds de haine pour le jeu?

HARPAGON.

C'est une raillerie que de vouloir me constituer son dot de toutes les dépenses qu'elle ne fera point. Je n'irai point donner quittance de ce que je ne reçois pas; et il faut bien que je touche quelque chose.

FROSINE.

Mon Dieu! vous toucherez assez; et elles m'ont parlé d'un certain pays où elles ont du bien, dont vous serez le maître.

HARPAGON.

Il faudra voir cela. Mais, Frosine, il y a encore une chose qui m'inquiète. La fille est jeune, comme tu vois, et les jeunes gens, d'ordinaire, n'aiment que leurs semblables, ne cherchent que leur compagnie: j'ai peur qu'un homme de mon âge ne soit pas de son goût, et que cela ne vienne à produire chez moi certains petits désordres qui ne m'accommoderaient pas.

FROSINE.

Ah ! que vous la connaissez mal ! C'est encore une particularité que j'avais à vous dire. Elle a une aversion épouvantable pour tous les jeunes gens, et n'a de l'amour que pour les vieillards.

HARPAGON.

Elle ?

FROSINE.

Oui, elle. Je voudrais que vous l'eussiez entendue parler là-dessus. Elle ne peut souffrir du tout la vue d'un jeune homme ; mais elle n'est point plus ravie, dit-elle, que lorsqu'elle peut voir un beau vieillard avec une barbe majestueuse. Les plus vieux sont pour elle les plus charmants ; et je vous avertis de n'aller pas vous faire plus jeune que vous êtes. Elle veut tout au moins qu'on soit sexagénaire ; et il n'y a pas quatre mois encore, qu'étant prête d'être mariée, elle rompit tout net le mariage, sur ce que son amant fit voir qu'il n'avait que cinquante-six ans, et qu'il ne prit point de lunettes pour signer le contrat.

HARPAGON.

Sur cela seulement ?

FROSINE.

Oui. Elle dit que ce n'est pas contentement pour elle que cinquante-six ans ; et surtout elle est pour les nez qui portent des lunettes.

HARPAGON.

Certes, tu me dis là une chose toute nouvelle.

FROSINE.

Cela va plus loin qu'on ne vous peut dire. On lui voit dans sa chambre quelques tableaux et quelques estampes ; mais que pensez-vous que ce soit ? Des Adonis, des Céphales, des Pâris, et des Apollons ? Non : de beaux portraits de Saturne, du roi Priam, du vieux Nestor, et du bon père Anchise sur les épaules de son fils.

HARPAGON.

Cela est admirable. Voilà ce que je n'aurais jamais pensé ; et je suis bien aise d'apprendre qu'elle est de cette humeur. En effet, si j'avais été femme, je n'aurais point aimé les jeunes hommes.

FROSINE.

Je le crois bien. Voilà de belles drogues que des jeunes gens, pour les aimer ! ce sont de beaux morveux, de beaux godelureaux, pour donner envie de leur peau ! et je voudrais bien savoir quel ragoût il y a à eux !

HARPAGON.

Pour moi, je n'y en comprends point, et je ne sais pas comment il y a des femmes qui les aiment tant.

FROSINE.

Il faut être folle fieffée. Trouver la jeunesse aimable, est-ce avoir le sens commun ? Sont-ce des hommes que de jeunes blondins, et peut-on s'attacher à ces animaux-là ?

HARPAGON.

C'est ce que je dis tous les jours : avec leur ton de poule laitée,

3*

leurs trois brins de barbe relevés en barbe de chat, leurs perruques d'étoupes, leurs hauts-de-chausses tombants, et leurs estomacs
débraillés !

FROSINE.
Hé ! cela est bien bâti, auprès d'une personne comme vous !
Voilà un homme, cela ; il y a là de quoi satisfaire à la vue, et c'est
ainsi qu'il faut être fait et vêtu pour donner de l'amour.

HARPAGON.
Tu me trouves bien ?

FROSINE.
Comment ! vous êtes à ravir, et votre figure est à peindre.
Tournez-vous un peu, s'il vous plaît. Il ne se peut pas mieux. Que
je vous voie marcher. Voilà un corps taillé, libre, et dégagé comme
il faut, et qui ne marque aucune incommodité.

HARPAGON.
Je n'en ai pas de grandes, Dieu merci. Il n'y a que ma fluxion
qui me prend de temps en temps.

FROSINE.
Cela n'est rien. Votre fluxion ne voussied point mal, et vous avez
grâce à tousser.

HARPAGON.
Dis-moi un peu : Mariane ne m'a-t-elle point encore vu ? N'a-
t-elle point pris garde à moi en passant ?

FROSINE.
Non ; mais nous nous sommes fort entretenues de vous. Je lui ai
fait un portrait de votre personne, et je n'ai pas manqué de lui
vanter votre mérite, et l'avantage que ce lui serait d'avoir un mari
comme vous.

HARPAGON.
Tu as bien fait et je t'en remercie.

FROSINE.
J'aurais, monsieur, une petite prière à vous faire. J'ai un procès
que je suis sur le point de perdre, faute d'un peu d'argent (*Harpagon prend un air sérieux*) ; et vous pourriez facilement me procurer le gain de ce procès, si vous aviez quelque bonté pour moi.
Vous ne sauriez croire le plaisir qu'elle aura de vous voir. (*Harpagon reprend un air gai.*) Ah ! que vous lui plairez, et que votre
fraise à l'antique fera sur son esprit un effet admirable ! Mais surtout elle sera charmée de votre haut-de-chausses attaché au pourpoint avec des aiguillettes : c'est pour la rendre folle de vous ; et
un amant aiguilleté sera pour elle un ragoût merveilleux.

HARPAGON.
Certes, tu me ravis de me dire cela.

FROSINE.
En vérité, monsieur, ce procès m'est d'une conséquence tout à
fait grande (*Harpagon reprend son air sérieux.*) Je suis ruinée si je le
perds ; et quelque petite assistance me rétablirait mes affaires. Je
voudrais que vous eussiez vu le ravissement où elle était à m'entendre parler de vous. (*Harpagon reprend son air gai.*) La joie écla-
tait dans ses yeux au récit de vos qualités, et je l'ai mise enfin

dans une impatience extrême de voir ce mariage entièrement conclu.

HARPAGON.

Tu m'as fait grand plaisir, Frosine, et je t'en ai, je te l'avoue, toutes les obligations du monde.

FROSINE.

Je vous prie, monsieur, de me donner le petit secours que je vous demande. (*Harpagon* reprend encore un air sérieux.) Cela me remettra sur pied, et je vous en serai éternellement obligée.

HARPAGON.

Adieu. Je vais achever mes dépêches.

FROSINE.

Je vous assure, monsieur, que vous ne sauriez jamais me soulager dans un plus grand besoin.

HARPAGON.

Je mettrai ordre que mon carrosse soit tout prêt pour vous mener à la foire.

FROSINE.

Je ne vous importunerais pas si je ne m'y voyais forcée par la nécessité.

HARPAGON.

Et j'aurai soin qu'on soupe de bonne heure, pour ne vous point faire malade.

FROSINE.

Ne me refusez pas la grâce dont je vous sollicite. Vous ne sauriez croire, monsieur, le plaisir que ..

HARPAGON.

Je m'en vais. Voilà qu'on m'appelle. Jusqu'à tantôt.

FROSINE, *seule*.

Que la fièvre te serre, chien de vilain, à tous les diables ! Le ladre a été ferme à toutes mes attaques, mais il ne me faut pas pourtant quitter la négociation ; et j'ai l'autre côté, en tout cas, d'où je suis assurée de tirer bonne récompense.

ACTE TROISIÈME

SCÈNE PREMIÈRE.

HARPAGON, CLÉANTE, ÉLISE, VALÈRE, DAME CLAUDE, *tenant un balai* ; MAÎTRE JACQUES, LA MERLUCHE, BRINDAVOINE.

HARPAGON.

Allons, venez çà tous ; que je vous distribue mes ordres pour tantôt, et règle à chacun son emploi. Approchez, dame Claude ;

commençons par vous. (*Elle tient un balai.*) Bon, vous voilà les
armes à la main. Je vous commets au soin de nettoyer partout ; et
surtout prenez garde de ne point frotter les meubles trop fort, de
peur de les user. Outre cela, je vous constitue, pendant le souper,
au gouvernement des bouteilles : et, s'il s'en écarte quelqu'une, et
qu'il se casse quelque chose, je m'en prendrai à vous, et le rabat-
trai sur vos gages.

MAÎTRE JACQUES, *à part.*

Châtiment politique.

HARPAGON, *à dame Claude.*

Allez.

SCÈNE II.

HARPAGON, CLÉANTE, ÉLISE, VALÈRE, MAÎTRE JACQUES,
BRINDAVOINE, LA MERLUCHE.

HARPAGON.

Vous, Brindavoine, et vous, La Merluche, je vous établis dans
la charge de rincer les verres et de donner à boire, mais seulement lorsque l'on aura soif, et non pas selon la coutume de certains impertinents de laquais, qui viennent provoquer les gens, et
les faire aviser de boire lorsqu'on n'y songe pas. Attendez qu'on
vous en demande plus d'une fois, et vous ressouvenez de porter
toujours beaucoup d'eau.

MAÎTRE JACQUES, *à part.*

Oui. Le vin pur monte à la tête.

LA MERLUCHE.

Quitterons-nous nos siquenilles, monsieur ?

HARPAGON.

Oui, quand vous verrez venir les personnes ; et gardez bien de
gâter vos habits.

BRINDAVOINE.

Vous savez bien, monsieur, qu'un des devants de mon pourpoint
est couvert d'une grande tache de l'huile de la lampe.

LA MERLUCHE.

Et moi, monsieur, que j'ai mon haut-de-chausses tout troué par
derrière, et qu'on me voit, révérence parler...

HARPAGON, *à La Merluche.*

Paix : rangez cela adroitement du côté de la muraille, et pré-
sentez toujours le devant au monde. (*A Brindavoine, en lui montrant comment il doit mettre son chapeau au-devant de son pourpoint, pour cacher la tache d'huile.*) Et vous, tenez toujours votre
chapeau ainsi, lorsque vous servirez.

SCÈNE III.

HARPAGON, CLÉANTE, ÉLISE, VALÈRE, MAÎTRE JACQUES.

HARPAGON.

Pour vous, ma fille, vous aurez l'œil sur ce que l'on desservira, et prendrez garde qu'il ne s'en fasse aucun dégât. Cela sied bien aux filles. Mais cependant préparez-vous à bien recevoir ma maîtresse, qui vous doit venir visiter, et vous mener avec elle à la foire. Entendez-vous ce que je vous dis ?

ÉLISE.

Oui, mon père.

HARPAGON.

Oui, nigaude.

SCÈNE IV.

HARPAGON, CLÉANTE, VALÈRE, MAÎTRE JACQUES.

HARPAGON.

Et vous, mon fils le damoiseau, ne vous allez pas aviser non plus de lui faire mauvais visage.

CLÉANTE.

Moi, mon père ? mauvais visage ! et par quelle raison ?

HARPAGON.

Mon Dieu ! nous savons le train des enfants dont les pères se remarient, et de quel œil ils ont coutume de regarder ce qu'on appelle belle-mère. Mais si vous souhaitez que je perde le souvenir de votre dernière fredaine, je vous recommande surtout de régaler d'un bon visage cette personne là, et de lui faire enfin tout le meilleur accueil qu'il vous sera possible.

CLÉANTE.

A vous dire le vrai, mon père, je ne puis pas vous promettre d'être bien aise qu'elle devienne ma belle-mère. Je mentirais, si je vous le disais ; mais, pour ce qui est de la bien recevoir et de lui faire bon visage, je vous promets de vous obéir ponctuellement sur ce chapitre.

HARPAGON.

Prenez-y garde au moins.

CLÉANTE.

Vous verrez que vous n'aurez pas sujet de vous en plaindre.

HARPAGON.

Vous ferez sagement.

SCÈNE V.

HARPAGON, VALÈRE, MAÎTRE JACQUES.

HARPAGON.

Valère, aide-moi à ceci. Or çà, maître Jacques, approchez-vous, je vous ai gardé pour le dernier.

MAÎTRE JACQUES.

Est-ce à votre cocher, monsieur, ou bien à votre cuisinier, que vous voulez parler ? car je suis l'un et l'autre.

HARPAGON.

C'est à tous les deux.

MAÎTRE JACQUES.

Mais à qui des deux le premier ?

HARPAGON.

Au cuisinier.

MAÎTRE JACQUES.

Attendez donc, s'il vous plaît.
(Maître Jacques ôte sa casaque de cocher, et paraît vêtu en cuisinier.)

HARPAGON.

Quelle diantre de cérémonie est-ce là ?

MAÎTRE JACQUES.

Vous n'avez qu'à parler.

HARPAGON.

Je me suis engagé, maître Jacques, à donner ce soir à souper.

MAÎTRE JACQUES, *à part.*

Grande merveille !

HARPAGON.

Dis-moi un peu : nous feras-tu bonne chère ?

MAÎTRE JACQUES.

Oui, si vous me donnez bien de l'argent.

HARPAGON.

Que diable, toujours de l'argent ! Il semble qu'ils n'aient autre
chose à dire : de l'argent, de l'argent, de l'argent. Ah ! ils n'ont
que ce mot à la bouche, de l'argent ! toujours parler d'argent !
Voilà leur épée de chevet, de l'argent !

VALÈRE.

Je n'ai jamais vu de réponse plus impertinente que celle-là.
Voilà une belle merveille de faire bonne chère avec bien de l'argent ! c'est une chose la plus aisée du monde, et il n'y a si pauvre
esprit qui n'en fît bien autant : mais, pour agir en habile homme,
il faut parler de faire bonne chère avec peu d'argent.

MAÎTRE JACQUES.

Bonne chère avec peu d'argent !

VALÈRE.

Oui.

MAÎTRE JACQUES, *à Valère.*

Par ma foi, monsieur l'intendant, vous nous obligerez de nous
faire voir ce secret, et de prendre mon office de cuisinier ; aussi
bien vous mêlez-vous céans d'être le factotum.

HARPAGON.

Taisez-vous. Qu'est-ce qu'il nous faudra ?

MAÎTRE JACQUES.

Voilà monsieur votre intendant, qui vous fera bonne chère pour
peu d'argent.

HARPAGON.

Haye ! je veux que tu me répondes.

MAÎTRE JACQUES.

Combien serez-vous de gens à table ?

HARPAGON.

Nous serons huit ou dix ; mais il ne faut prendre que huit. Quand il y a à manger pour huit, il y en a bien pour dix.

VALÈRE.

Cela s'entend.

MAÎTRE JACQUES.

Hé bien ! il faudra quatre grands potages et cinq assiettes... Potages... Entrées...

HARPAGON.

Que diable ! voilà pour traiter toute une ville entière.

MAÎTRE JACQUES.

Rôt...

HARPAGON, *mettant la main sur la bouche de maître Jacques.*

Ah ! traître, tu manges tout mon bien.

MAÎTRE JACQUES.

Entremets.

HARPAGON, *mettant encore la main sur la bouche de maître Jacques.*

Encore ?

VALÈRE, *à maître Jacques.*

Est-ce que vous avez envie de faire crever tout le monde ? et monsieur a-t-il invité des gens pour les assassiner à force de mangeaille ? Allez-vous-en lire un peu les préceptes de la santé, et demander aux médecins s'il y a rien de plus préjudiciable à l'homme que de manger avec excès.

HARPAGON.

Il a raison.

VALÈRE.

Apprenez, maître Jacques, vous et vos pareils, que c'est un coupe-gorge, qu'une table remplie de trop de viandes ; que, pour se bien montrer ami de ceux que l'on invite, il faut que la frugalité règne dans les repas qu'on donne ; et que, suivant le dire d'un ancien, *il faut manger pour vivre, et non pas vivre pour manger.*

HARPAGON.

Ah ! que cela est bien dit ! Approche, que je t'embrasse pour ce mot. Voilà la plus belle sentence que j'aie entendue de ma vie : *Il faut vivre pour manger, et non pas manger pour vi...* Non, ce n'est pas cela. Comment est-ce que tu dis ?

VALÈRE.

Qu'il *faut manger pour vivre, et non pas vivre pour manger.*

HARPAGON, *à maître Jacques.*

Oui. Entends-tu ? (*A Valère.*) Qui est le grand homme qui a dit cela ?

VALÈRE.

Je ne me souviens pas maintenant de son nom.

HARPAGON.

Souviens-toi de m'écrire ces mots : je les veux faire graver en lettres d'or sur la cheminée de ma salle.

VALÈRE.

Je n'y manquerai pas. Et pour votre souper, vous n'avez qu'à me laisser faire ; je réglerai tout cela comme il faut.

HARPAGON.

Fais donc.

MAÎTRE JACQUES.

Tant mieux! j'en aurai moins de peine.

HARPAGON, *à Valère.*

Il faudra de ces choses dont on ne mange guère, et qui rassasient d'abord; quelque bon haricot bien gras, avec quelque pâté en pot bien garni de marrons. Là, que cela foisonne.

VALÈRE.

Reposez-vous sur moi.

HARPAGON.

Maintenant, maître Jacques, il faut nettoyer mon carrosse.

MAÎTRE JACQUES.

Attendez; ceci s'adresse au cocher. (*Maître Jacques remet sa casaque.*) Vous dites...

HARPAGON.

Qu'il faut nettoyer mon carrosse, et tenir mes chevaux tout prêts pour conduire à la foire...

MAÎTRE JACQUES.

Vos chevaux, monsieur? ma foi, ils ne sont point du tout en état de marcher. Je ne vous dirai point qu'ils sont sur la litière : les pauvres bêtes n'en ont point, et ce serait mal parler; mais vous leur faites observer des jeûnes si austères, que ce ne sont plus rien que des idées ou des fantômes, des façons de chevaux.

HARPAGON.

Les voilà bien malades! Ils ne font rien.

MAÎTRE JACQUES.

Et pour ne faire rien, monsieur, est-ce qu'il ne faut rien manger? Il leur vaudrait bien mieux, les pauvres animaux, de travailler beaucoup, de manger de même. Cela me fend le cœur de les voir ainsi exténués. Car, enfin, j'ai une tendresse pour mes chevaux, qu'il me semble que c'est moi-même, quand je les vois pâtir. Je m'ôte tous les jours pour eux les choses de la bouche; et c'est être, monsieur, d'un naturel trop dur, que de n'avoir nulle pitié de son prochain.

HARPAGON.

Le travail ne sera pas grand, d'aller jusqu'à la foire.

MAÎTRE JACQUES.

Non, monsieur, je n'ai pas le courage de les mener, et je ferais conscience de leur donner des coups de fouet, en l'état où ils sont. Comment voudriez-vous qu'ils traînassent un carrosse, qu'ils ne peuvent pas se traîner eux-mêmes?

VALÈRE.

Monsieur, j'obligerai le voisin Picard à se charger de les conduire; aussi bien nous fera-t-il ici besoin pour apprêter le souper.

MAÎTRE JACQUES.

Soit. J'aime mieux encore qu'ils meurent sous la main d'un autre que sous la mienne.

VALÈRE.

Maître Jacques fait bien le raisonnable!

MAÎTRE JACQUES.

Monsieur l'intendant fait bien le nécessaire !

HARPAGON.

Paix.

MAÎTRE JACQUES.

Monsieur, je ne saurais souffrir les flatteurs ; et je vois que ce qu'il en fait, que ses contrôles perpétuels sur le pain et le vin, le bois, le sel et la chandelle, ne sont rien que pour vous gratter et vous faire sa cour. J'enrage de cela, et je suis fâché tous les jours d'entendre ce qu'on dit de vous : car, enfin, je me sens pour vous de la tendresse, en dépit que j'en aie ; et, après mes chevaux, vous êtes la personne que j'aime le plus.

HARPAGON.

Pourrais-je savoir de vous, maitre Jacques, ce que l'on dit de moi ?

MAÎTRE JACQUES.

Oui, monsieur, si j'étais assuré que cela ne vous fâchât point.

HARPAGON.

Non, en aucune façon.

MAÎTRE JACQUES.

Pardonnez-moi ; je sais fort bien que je vous mettrais en colère.

HARPAGON.

Point du tout. Au contraire, c'est me faire plaisir, et je suis bien aise d'apprendre comme on parle de moi.

MAÎTRE JACQUES.

Monsieur, puisque vous le voulez, je vous dirai franchemet qu'on se moque partout de vous, qu'on nous jette de tous côtés cent brocards à votre sujet, et que l'on n'est point plus ravi que de vous tenir aux chausses, et de faire sans cesse des contes de votre lésine. L'un dit que vous faites imprimer des almanachs particuliers, où vous faites doubler les quatre-temps et les vigiles, afin de profiter des jeûnes où vous obligez votre monde ; l'autre, que vous avez toujours une querelle toute prête à faire à vos valets dans le temps des étrennes ou de leur sortie d'avec vous, pour vous trouver une raison de ne leur donner rien. Celui-là conte qu'une fois vous fîtes assigner le chat d'un de vos voisins, pour vous avoir mangé un reste d'un gigot de mouton ; celui-ci, que l'on vous surprit, une nuit, en venant dérober vous-même l'avoine de vos chevaux ; et que votre cocher, qui était celui d'avant moi, vous donna, dans l'obscurité, je ne sais combien de coups de bâton, dont vous ne voulûtes rien dire. Enfin, voulez-vous que je vous dise ? On ne saurait aller nulle part, où l'on ne vous entende accommoder de toutes pièces. Vous êtes la fable et la risée de tout le monde ; et jamais on ne parle de vous que sous les noms d'avare, de ladre, de vilain et de fesse-matthieu.

HARPAGON, en battant maître Jacques.

Vous êtes un sot, un maraud, un coquin, et un impudent.

MAÎTRE JACQUES.

Hé bien ! ne l'avais-je pas deviné ? Vous ne m'avez pas voulu

croire. Je vous avais bien dit que je vous fâcherais de vous dire la
vérité.

HARPAGON.

Apprenez à parler.

SCÈNE VI.

VALÈRE, MAITRE JACQUES.

VALÈRE, *riant.*

A ce que je puis voir, maitre Jacques, on paie mal votre franchise.

MAITRE JACQUES.

Morbleu ! monsieur le nouveau-venu, qui faites l'homme d'importance, ce n'est pas votre affaire. Riez de vos coups de bâton
quand on vous en donnera, et ne venez point rire des miens.

VALÈRE.

Ah ! monsieur maitre Jacques, ne vous fâchez pas, je vous prie.

MAITRE JACQUES, *à part.*

Il file doux. Je veux faire le brave, et, s'il est assez sot pour me
craindre, le frotter quelque peu. (*Haut*) Savez-vous bien, monsieur le rieur, que je ne ris pas, moi, et que, si vous m'échauffez la
tète, je vous ferai rire d'une autre sorte ?

(*Maitre Jacques pousse Valère jusqu'au fond du théâtre, en
le menaçant.*)

VALÈRE.

Hé ! doucement.

MAITRE JACQUES.

Comment, doucement ? il ne me plait pas, moi.

VALÈRE.

De grâce !

MAITRE JACQUES.

Vous êtes un impertinent.

VALÈRE.

Monsieur maitre Jacques...

MAITRE JACQUES.

Il n'y a point de monsieur maitre Jacques pour un double. Si je
prends un bâton, je vous rosserai d'importance.

VALÈRE.

Comment ! un bâton ?

(*Valère fait reculer maitre Jacques, à son tour.*)

MAITRE JACQUES.

Hé ! je ne parle pas de cela.

VALÈRE.

Savez-vous bien, monsieur le fat, que je suis homme à vous ros-
ser vous-même ?

MAITRE JACQUES.

Je n'en doute pas.

VALÈRE.

Que vous n'êtes, pour tout potage, qu'un faquin de cuisinier ?

MAÎTRE JACQUES.

Je le sais bien.

VALÈRE.

Et que vous ne me connaissez pas encore ?

MAÎTRE JACQUES.

Pardonnez-moi.

VALÈRE.

Vous me rosserez, dites-vous ?

MAÎTRE JACQUES.

Je le disais en raillant.

VALÈRE.

Et moi, je ne prends point de goût à votre raillerie. (*Donnant des coups de bâton à maître Jacques.*) Apprenez que vous êtes un mauvais railleur.

MAÎTRE JACQUES, *seul.*

Peste soit la sincérité ! c'est un mauvais métier : désormais j'y renonce, et je ne veux plus dire vrai. Passe encore pour mon maître : il a quelque droit de me battre ; mais, pour ce monsieur l'intendant, je m'en vengerai si je puis.

SCÈNE VII.

MARIANE, FROSINE, MAÎTRE JACQUES.

FROSINE.

Savez-vous, maître Jacques, si votre maître est au logis ?

MAÎTRE JACQUES.

Oui, vraiment, il y est ; je ne le sais que trop.

FROSINE.

Dites-lui, je vous prie, que nous sommes ici.

MAÎTRE JACQUES.

Ah ! nous voilà pas mal.

SCÈNE VIII.

MARIANE, FROSINE.

MARIANE.

Ah ! que je suis, Frosine, dans un étrange état, et, s'il faut dire ce que je sens, que j'appréhende cette vue !

FROSINE.

Mais pourquoi, et quelle est votre inquiétude ?

MARIANE.

Hélas ! me le demandez-vous ? Et ne vous figurez-vous point les alarmes d'une personne toute prête à voir le supplice où l'on veut l'attacher ?

FROSINE.

Je vois bien que, pour mourir agreablement, Harpagon n'est pas
le supplice que vous voudriez embrasser; et je connais, à votre
mine, que le jeune blondin dont vous m'avez parlé vous revient un
peu dans l'esprit.

MARIANE.

Oui. C'est une chose, Frosine, dont je ne veux pas me défendre;
et les visites respectueuses qu'il a rendues chez nous ont fait, je
vous l'avoue, quelque effet dans mon âme.

FROSINE.

Mais avez-vous su quel il est ?

MARIANE.

Non, je ne sais point quel il est. Mais je sais qu'il est fait d'un
air à se faire aimer; que si l'on pouvait mettre les choses à mon
choix, je le prendrais plutôt qu'un autre; et qu'il ne contribue pas
peu à me faire trouver un tourment effroyable dans l'époux qu'on
veut me donner.

FROSINE.

Mon Dieu! tous ces blondins sont agréables, et débitent fort bien
leur fait; mais la plupart sont gueux comme des rats; il vaut
mieux, pour vous, de prendre un vieux mari qui vous donne beaucoup de bien. Je vous avoue que les sens ne trouvent pas si bien
leur compte du côté que je dis, et qu'il y a quelques petits
dégoûts à essuyer avec un tel époux; mais cela n'est pas pour
durer; et sa mort, croyez-moi, vous mettra bientôt en état d'en
prendre un plus aimable, qui réparera toutes choses.

MARIANE.

Mon Dieu! Frosine, c'est une étrange affaire, lorsque, pour être
heureuse, il faut souhaiter ou attendre le trépas de quelqu'un, et la
mort ne suit pas tous les projets que nous faisons.

FROSINE.

Vous moquez-vous? Vous ne l'épousez qu'aux conditions de
vous laisser veuve bientôt; et ce doit être là un des articles du
contrat. Il serait bien impertinent de ne pas mourir dans trois
mois! Le voici en propre personne.

MARIANE.

Ah! Frosine, quelle figure !

SCÈNE IX.

HARPAGON, MARIANE, FROSINE.

HARPAGON, *à Mariane.*

Ne vous offensez pas, ma belle, si je viens à vous avec des lunettes. Je sais que vos appas frappent assez les yeux, sont assez
visibles d'eux-mêmes, et qu'il n'est pas besoin de lunettes pour les
apercevoir; mais, enfin, c'est avec des lunettes qu'on observe les
astres; et je maintiens et garantis que vous êtes un astre, mais un
astre, le plus bel astre qui soit dans le pays des astres. Frosine,

elle ne répond mot, et ne témoigne, ce me semble, aucune joie de
me voir.

FROSINE.

C'est qu'elle est encore toute surprise ; et puis, les filles ont toujours honte à témoigner d'abord ce qu'elles ont dans l'âme.

HARPAGON, à Frosine.

Tu as raison. (A Mariane.) Voilà, belle mignonne, ma fille qui
vient vous saluer.

SCÈNE X.

HARPAGON, ÉLISE, MARIANE, FROSINE.

MARIANE

Je m'acquitte bien tard, madame, d'une telle visite.

ÉLISE.

Vous avez fait, madame, ce que jo devais faire, et c'était à moi
de vous prévenir.

HARPAGON.

Vous voyez qu'elle est grande ; mais mauvaise herbe croît toujours.

MARIANE, bas, à Frosine.

Oh ! l'homme déplaisant !

HARPAGON, bas, à Frosine.

Que dit la belle ?

FROSINE.

Qu'elle vous trouve admirable.

HARPAGON.

C'est trop d'honneur que vous me faites, adorable mignonne.

MARIANE, à part.

Quel animal !

HARPAGON.

Je vous suis trop obligé de ces sentiments.

MARIANE, à part.

Je n'y puis plus tenir.

SCÈNE XI.

HARPAGON, MARIANE, ÉLISE, CLÉANTE, VALÈRE, FROSINE,
BRINDAVOINE.

HARPAGON.

Voici mon fils aussi, qui vous vient faire la révérence.

MARIANE, bas, à Frosine.

Ah ! Frosine, quelle rencontre ! C'est justement celui dont je
t'ai parlé.

FROSINE, à Mariane.

L'aventure est merveilleuse.

HARPAGON.

Je vois que vous vous étonnez de me voir de si grands enfants; mais je serai bientôt défait et de l'un et de l'autre.

CLÉANTE, à Mariane.

Madame, à vous dire le vrai, c'est ici une aventure où, sans doute, je ne m'attendais pas ; et mon père ne m'a pas peu surpris lorsqu'il m'a dit tantôt le dessein qu'il avait formé.

MARIANE.

Je puis dire la même chose. C'est une rencontre imprévue qui m'a surprise autant que vous ; et je n'étais point préparée à une pareille aventure.

CLÉANTE.

Il est vrai que mon père, madame, ne peut pas faire un plus beau choix, et que ce m'est une sensible joie que l'honneur de vous voir; mais, avec tout cela, je ne vous assurerai pas que je me réjouis du dessein où vous pourriez être de devenir ma belle-mère. Le compliment, je vous l'avoue, est trop difficile pour moi ; et c'est un titre, s'il vous plaît, que je ne vous souhaite point. Ce discours paraîtra brutal aux yeux de quelques-uns ; mais je su s assuré que vous serez personne à le prendre comme il faudra ; que c'est un mariage, madame, où vous imaginez bien que je dois avoir de la répugnance ; que vous n'ignorez pas, sachant ce que je suis, comme il choque mes intérêts, et que vous voulez bien enfin que je vous dise, avec la permission de mon père, que, si les choses dépendaient de moi, cet hymen ne se ferait point.

HARPAGON.

Voilà un compliment bien impertinent ! Quelle belle confession à lui faire !

MARIANE.

Et moi, pour vous répondre, j'ai à vous dire que les choses sont fort égales ; et que, si vous auriez de la répugnance à me voir votre belle-mère, je n'en aurais pas moins, sans doute, à vous voir mon beau-fils. Ne croyez pas, je vous prie, que ce soit moi qui cherche à vous donner cette inquiétude. Je serais fort fâchée de vous causer du déplaisir ; et, si je ne m'y vois forcée par une puissance absolue, je vous donne ma parole que je ne consentirai point au mariage qui vous chagrine.

HARPAGON.

Elle a raison. A sot compliment, il faut une réponse de même. Je vous demande pardon, ma belle, de l'impertinence de mon fils ; c'est un jeune sot, qui ne sait pas encore la conséquence des paroles qu'il dit.

MARIANE.

Je vous promets que ce qu'il m'a dit ne m'a point du tout offensée ; au contraire, il m'a fait plaisir de m'expliquer ainsi ses véritables sentiments. J'aime de lui un aveu de la sorte ; et, s'il avait parlé d'autre façon, je l'en estimerais bien moins.

HARPAGON.

C'est beaucoup de bonté à vous, de vouloir ainsi excuser ses fautes. Le temps le rendra plus sage, et vous verrez qu'il changera de sentiments.

CLÉANTE.

Non, mon père, je ne suis point capable d'en changer, et je prie instamment madame de le croire.

HARPAGON.

Mais voyez quelle extravagance ! il continue encore plus fort.

CLÉANTE.

Voulez-vous que je trahisse mon cœur ?

HARPAGON.

Encore ! avez-vous envie de changer de discours ?

CLÉANTE.

Hé bien ! puisque vous voulez que je parle d'autre façon, souffrez, madame, que je me mette ici à la place de mon père, et que je vous avoue que je n'ai rien vu dans le monde de si charmant que vous ; que je ne conçois rien d'égal au bonheur de vous plaire, et que le titre de votre époux est une gloire, une félicité que je préférerais aux destinées des plus grands princes de la terre. Oui, madame, le bonheur de vous posséder est, à mes regards, la plus belle de toutes les fortunes ; c'est où j'attache toute mon ambition. Il n'y a rien que je ne sois capable de faire pour une conquête si précieuse ; et les obstacles les plus puissants...

HARPAGON.

Doucement, mon fils, s'il vous plait.

CLÉANTE.

C'est un compliment que je fais pour vous à madame.

HARPAGON.

Mon Dieu ! j'ai une langue pour m'expliquer moi-même, et je n'ai pas besoin d'un interprète comme vous. Allons, donnez des sièges.

FROSINE.

Non ; il vaut mieux que, de ce pas, nous allions à la foire, afin d'en revenir plus tôt, et d'avoir tout le temps ensuite de vous entretenir.

HARPAGON, à Brindavoine.

Qu'on mette donc les chevaux au carrosse.

SCÈNE XII.

HARPAGON, MARIANE, ÉLISE, CLÉANTE, VALÈRE, FROSINE.

HARPAGON, à Mariane.

Je vous prie de m'excuser, ma belle, si je n'ai pas songé à vous donner un peu de collation avant que de partir.

CLÉANTE.

J'y ai pourvu, mon père, et j'ai fait apporter ici quelques bassins d'oranges de la Chine, de citrons doux, et de confitures, que j'ai envoyé quérir de votre part.

HARPAGON, bas, à Valère.

Valère !

VALÈRE, à Harpagon.

Il a perdu le sens.

CLÉANTE.

Est-ce que vous trouvez, mon père, que ce ne soit pas assez ?
Madame aura la bonté d'excuser cela, s'il lui plait.

MARIANE.

C'est une chose qui n'était pas nécessaire.

CLÉANTE.

Avez-vous jamais vu, madame, un diamant plus vif que celui
que vous voyez que mon père a au doigt ?

MARIANE.

Il est vrai qu'il brille beaucoup.

CLÉANTE, *ôtant du doigt de son père le diamant, et le donnant
à Mariane.*

Il faut que vous le voyez de près.

MARIANE.

Il est fort beau, sans doute, et jette quantité de feux.

CLÉANTE, *se mettant au-devant de Mariane, qui veut rendre
le diamant.*

Non, madame, il est en de trop belles mains. C'est un présent
que mon père vous a fait.

HARPAGON.

Moi ?

CLÉANTE.

N'est-il pas vrai, mon père, que vous voulez que madame le garde
pour l'amour de vous?

HARPAGON, *bas, à son fils.*

Comment?

CLÉANTE, *à Mariane.*

Belle demande! il me fait signe de vous le faire accepter.

MARIANE.

Je ne veux point...

CLÉANTE, *à Mariane.*

Vous moquez-vous? Il n'a garde de le reprendre.

HARPAGON, *à part.*

J'enrage!

MARIANE.

Ce serait...

CLÉANTE, *empêchant toujours Mariane de rendre le diamant.*

Non, vous dis-je, c'est l'offenser.

MARIANE.

De grâce...

CLÉANTE.

Point du tout.

HARPAGON, *à part.*

Peste soit...

CLÉANTE.

Le voilà qui se scandalise de votre refus.

HARPAGON, *bas, à son fils.*

Ah! traître !

CLÉANTE, *à Mariane.*

Vous voyez qu'il se désespère.

HARPAGON, *bas, à son fils, en le menaçant.*
Bourreau que tu es!

CLÉANTE.
Mon père, ce n'est pas ma faute. Je fais ce que je puis pour l'obliger à la garder; mais elle est obstinée.

HARPAGON, *bas, à son fils, en le menaçant.*
Pendard!

CLÉANTE.
Vous êtes cause, madame, que mon père me querelle.

HARPAGON, *bas, à son fils, avec les mêmes gestes.*
Le coquin!

CLÉANTE, *à Mariane.*
Vous le ferez tomber malade. De grâce, madame, ne résistez point davantage.

FROSINE, *à Mariane.*
Mon Dieu! que de façons! Gardez la bague, puisque monsieur le veut.

MARIANE, *à Harpagon.*
Pour ne vous point mettre en colère, je la garde maintenant, et je prendrai un autre temps pour vous la rendre.

SCÈNE XIII.

HARPAGON, MARIANE, ÉLISE, CLÉANTE, VALÈRE, FROSINE, BRINDAVOINE.

BRINDAVOINE.
Monsieur, il y a là un homme qui veut vous parler.

HARPAGON.
Dis-lui que je suis empêché, et qu'il revienne une autre fois.

BRINDAVOINE.
Il dit qu'il vous apporte de l'argent.

HARPAGON, *à Mariane.*
Je vous demande pardon, je reviens tout à l'heure.

SCÈNE XIV.

HARPAGON, MARIANE, ÉLISE, CLÉANTE, VALÈRE, FROSINE, LA MERLUCHE.

LA MERLUCHE, *courant et faisant tomber Harpagon.*
Monsieur...

HARPAGON.
Ah! je suis mort.

CLÉANTE.
Qu'est-ce, mon père? vous êtes-vous fait mal?

HARPAGON.

Le traître assurément a reçu de l'argent de mes débiteurs, pour me faire rompre le cou.

VALÈRE, à Harpagon.

Cela ne sera rien.

LA MERLUCHE, à Harpagon.

Monsieur, je vous demande pardon : je croyais bien faire d'accourir vite.

HARPAGON.

Que viens-tu faire ici, bourreau?

LA MERLUCHE.

Vous dire que vos deux chevaux sont déferrés.

HARPAGON.

Qu'on les mène promptement chez le maréchal.

CLÉANTE.

En attendant qu'ils soient ferrés, je vais faire pour vous, mon père, les honneurs de votre logis, et conduire madame dans le jardin, où je ferai porter la collation.

ACTE QUATRIÈME

SCÈNE PREMIÈRE.

HARPAGON, CLÉANTE.

HARPAGON.

Oh çà, intérêt de belle-mère à part, que te semble, à toi, de cette personne ?

CLÉANTE.

Ce qui m'en semble ?

HARPAGON.

Oui, de son air, de sa taille, de sa beauté, de son esprit ?

CLÉANTE.

Là, là.

HARPAGON.

Mais encore ?

CLÉANTE.

A vous en parler franchement, je ne l'ai pas trouvée ici ce que je l'avais crue. Son air est de franche coquette; sa taille est assez gauche; sa beauté très médiocre, et son esprit des plus communs. Ne croyez pas que ce soit, mon père, pour vous en dégoûter; car, belle-mère pour belle-mère, j'aime autant celle-là qu'une autre.

HARPAGON.

Tu lui disais tantôt pourtant...

CLÉANTE.

Je lui ai dit quelques douceurs en votre nom, mais c'était pour vous plaire.

HARPAGON.

Si bien donc que tu n'aurais pas d'inclination pour elle ?

CLÉANTE.

Moi ? point du tout.

HARPAGON.

J'en suis fâché; car cela rompt une pensée qui m'était venue dans l'esprit. J'ai fait, en la voyant ici, réflexion sur mon âge; et j'ai songé qu'on pourra trouver à redire, de me voir marier à une si jeune personne. Cette considération m'en faisait quitter le dessein : et, comme je l'ai fait demander, et que je suis pour elle engagé de parole, je te l'aurais donnée, sans l'aversion que tu témoignes.

CLÉANTE.

A moi ?

HARPAGON.

A toi.

CLÉANTE.

En mariage ?

HARPAGON.

En mariage.

CLÉANTE.

Écoutez. Il est vrai qu'elle n'est pas fort à mon goût ; mais, pour vous faire plaisir, mon père, je me résoudrai à l'épouser, si vous voulez.

HARPAGON.

Moi ? Je suis plus raisonnable que tu ne penses. Je ne veux point forcer ton inclination.

CLÉANTE.

Pardonnez-moi; je me ferai cet effort pour l'amour de vous.

HARPAGON.

Non, non; un mariage ne saurait être heureux où l'inclination n'est pas.

CLÉANTE.

C'est une chose, mon père, qui peut-être viendra ensuite, et l'on dit que l'amour est souvent un fruit du mariage.

HARPAGON.

Non, du côté de l'homme on ne doit point risquer l'affaire ; et

ce sont des suites fâcheuses où je n'ai garde de me commettre. Si
tu avais senti quelque inclination pour elle, à la bonne heure; je
te l'aurais fait épouser, au lieu de moi; mais cela n'étant pas, je
suivrai mon premier dessein, et je l'épouserai moi-même.

CLÉANTE.

Eh bien, mon père, puisque les choses sont ainsi, il faut vous
découvrir mon cœur, il faut vous révéler notre secret. La vérité
est que je l'aime depuis un jour que je la vis dans une promenade;
que mon dessein était tantôt de vous la demander pour femme;
et que rien ne m'a retenu, que la déclaration de vos sentiments
et la crainte de vous déplaire.

HARPAGON.

Lui avez-vous rendu visite ?

CLÉANTE.

Oui, mon père.

HARPAGON.

Beaucoup de fois?

CLÉANTE.

Assez, pour le temps qu'il y a.

HARPAGON.

Vous a-t-on bien reçu ?

CLÉANTE.

Fort bien; mais sans savoir qui j'étais; et c'est ce qui a fait
tantôt la surprise de Mariane.

HARPAGON.

Lui avez-vous déclaré votre passion, et le dessein où vous
étiez de l'épouser ?

CLÉANTE.

Sans doute; et même j'en avais fait à sa mère quelque peu
d'ouverture.

HARPAGON.

A-t-elle écouté, pour sa fille, votre proposition ?

CLÉANTE.

Oui, fort civilement.

HARPAGON.

Et la fille correspond-elle à votre amour?

CLÉANTE.

Si j'en dois croire les apparences, je me persuade, mon père,
qu'elle a quelque bonté pour moi.

HARPAGON.

Je suis bien aise d'avoir appris un tel secret, et voilà justement
ce que je demandais. Oh! sus, mon fils, savez-vous ce qu'il y a ?
C'est qu'il faut songer, s'il vous plaît, à vous défaire de votre
amour, à cesser toutes vos poursuites auprès d'une personne que
je prétends pour moi, et à vous marier dans peu avec celle qu'on
vous destine.

CLÉANTE.

Oui, mon père, c'est ainsi que vous me jouez! Hé bien, puisque les choses en sont venues là, je vous déclare, moi, que je ne quitterai point la passion que j'ai pour Mariane; qu'il n'y a point d'extrémité où je ne m'abandonne pour vous disputer sa conquête; et que, si vous avez pour vous le consentement d'une mère, j'aurai d'autres secours, peut-être, qui combattront pour moi.

HARPAGON.

Comment, pendard, tu as l'audace d'aller sur mes brisées!

CLÉANTE.

C'est vous qui allez sur les miennes; et je suis le premier en date.

HARPAGON.

Ne suis-je pas ton père, et ne me dois-tu pas respect?

CLÉANTE.

Ce ne sont point ici des choses où les enfants soient obligés de déférer aux pères; et l'amour ne connaît personne.

HARPAGON.

Je te ferai bien me connaître, avec de bons coups de bâton.

CLÉANTE.

Toutes vos menaces ne feront rien.

HARPAGON.

Tu renonceras à Mariane.

CLÉANTE.

Point du tout.

HARPAGON.

Donnez-moi un bâton tout à l'heure.

SCÈNE II.

HARPAGON, CLÉANTE, MAÎTRE JACQUES.

MAÎTRE JACQUES.

Eh, eh, eh! messieurs, qu'est-ce-ci? A quoi songez-vous?

CLÉANTE.

Je me moque de cela.

MAÎTRE JACQUES.

Ah! monsieur, doucement.

HARPAGON.

Me parler avec cette impudence!

MAÎTRE JACQUES.

Ah! monsieur, de grâce!

CLÉANTE.

Je n'en démordrai point.

MAÎTRE JACQUES.

Hé quoi, à votre père ?

HARPAGON.

Laisse-moi faire.

MAÎTRE JACQUES.

Hé quoi, à votre fils ? Encore passe pour moi.

HARPAGON.

Je te veux faire toi-même, Maître Jacques, juge de cette affaire, pour montrer comme j'ai raison.

MAÎTRE JACQUES.

J'y consens. Eloignez-vous un peu.

HARPAGON.

J'aime une fille que je veux épouser ; et le pendard a l'insolence de l'aimer avec moi, et d'y prétendre malgré mes ordres.

MAÎTRE JACQUES.

Ah ! il a tort.

HARPAGON.

N'est-ce pas une chose épouvantable qu'un fils qui veut entrer en concurrence avec son père ? et ne doit-il pas, par respect, s'abstenir de toucher à mes inclinations ?

MAÎTRE JACQUES.

Vous avez raison. Laissez-moi lui parler, et demeurez là. (*Il vient trouver Cléante à l'autre bout du théâtre.*)

CLÉANTE.

Hé bien, oui, puisqu'il veut te choisir pour juge, je n'y recule point ; il ne m'importe qui ce soit ; et je veux bien aussi me rapporter à toi, maître Jacques, de notre différend.

MAÎTRE JACQUES.

C'est beaucoup d'honneur que vous me faites.

CLÉANTE.

Je suis épris d'une jeune personne qui répond à mes vœux, et reçoit tendrement les offres de ma foi ; et mon père s'avise de venir troubler notre amour par la demande qu'il en fait faire.

MAÎTRE JACQUES.

Il a tort assurément.

CLÉANTE.

N'a-t-il point de honte, à son âge, de songer à se marier ? Lui sied-il bien d'être encore amoureux ? et ne devrait-il pas laisser cette occupation aux jeunes gens ?

MAÎTRE JACQUES.

Vous avez raison, il se moque. Laissez-moi lui dire deux mots. (*Il revient à Harpagon.*) Hé bien, votre fils n'est pas si étrange que vous le dites, et il se met à la raison. Il dit qu'il sait le respect qu'il vous doit ; qu'il ne s'est emporté que dans la première chaleur, et qu'il ne fera point refus de se soumettre à ce qu'il vous plaira, pourvu que vous vouliez le traiter mieux que vous ne faites, et lui donner quelque personne en mariage dont il ait lieu d'être content.

HARPAGON.

Ah ! dis-lui, maître Jacques, que, moyennant cela, il pourra espérer toutes choses de moi ; et que, hors Mariane, je lui laisse la liberté de choisir celle qu'il voudra.

MAÎTRE JACQUES. (*Il va au fils*).

Laissez-moi faire. (*A Cléante.*) Hé bien, votre père n'est pas si déraisonnable que vous le faites; et il m'a témoigné que ce sont vos emportements qui l'ont mis en colère ; qu'il n'en veut seulement qu'à votre manière d'agir, et qu'il sera fort disposé à vous accorder ce que vous souhaitez, pourvu que vous vouliez vous y prendre par la douceur, et lui rendre les déférences, les respects, et les soumissions qu'un fils doit à son père.

CLÉANTE.

Ah ! maître Jacques, tu peux lui assurer que, s'il m'accorde Mariane, il me verra toujours le plus soumis de tous les hommes, et que jamais je ne ferai aucune chose que par ses volontés.

MAÎTRE JACQUES, à *Harpagon*.

Cela est fait. Il consent à ce que vous dites.

HARPAGON.

Voilà qui va le mieux du monde.

MAÎTRE JACQUES, à *Cléante*.

Tout est conclu. Il est content de vos promesses.

CLÉANTE.

Le Ciel en soit loué !

MAÎTRE JACQUES.

Messieurs, vous n'avez qu'à parler ensemble ; vous voilà d'accord maintenant ; et vous alliez vous quereller, faute de vous entendre.

CLÉANTE.

Mon pauvre maître Jacques, je te serai obligé toute ma vie.

MAÎTRE JACQUES.

Il n'y a pas de quoi, monsieur.

HARPAGON.

Tu m'as fait plaisir, maître Jacques, et cela mérite une récompense. (*Il tire son mouchoir de sa poche, ce qui fait croire à maître Jacques qu'il va lui donner quelque chose.*) Va, je me souviendrai, je t'assure.

MAÎTRE JACQUES.

Je vous baise les mains.

SCÈNE III.

CLÉANTE, LA FLÈCHE.

LA FLÈCHE, *sortant du jardin avec une cassette.*
Ah! monsieur, que je vous trouve à propos! Suivez-moi vite

CLÉANTE.
Qu'y a-t-il?

LA FLÈCHE.
Suivez-moi, vous dis-je : nous sommes bien.

CLÉANTE.
Comment?

LA FLÈCHE.
Voici votre affaire.

CLÉANTE.
Quoi?

LA FLÈCHE.
J'ai guigné ceci tout le jour.

CLÉANTE.
Qu'est-ce que c'est?

LA FLÈCHE.
Le trésor de votre père, que j'ai attrapé.

CLÉANTE.
Comment as-tu fait?

LA FLÈCHE.
Vous saurez tout. Sauvons-nous : je l'entends crier.

SCÈNE IV.

HARPAGON, *seul, criant au voleur dès le jardin, et venant sans chapeau.*

Au voleur! au voleur! à l'assassin! au meurtrier! Justice, juste ciel! je suis perdu, je suis assassiné! on m'a coupé la gorge : on m'a dérobé mon argent. Qui peut-ce être? Qu'est-il devenu? Où est-il? Où se cache-t-il? Que ferai-je pour le trouver? Où courir? Où ne pas courir? N'est-il point là? N'est-il point ici? Qui est-ce? Arrête. (*A lui-même se prenant par le bras.*) Rends-moi mon argent, coquin!... Ah! c'est moi! Mon esprit est troublé, et j'ignore où je suis, qui je suis, et ce que je fais. Hélas! mon pauvre argent! mon pauvre argent! mon cher ami! on m'a privé de toi ; et, puisque tu m'es enlevé, j'ai perdu mon support, ma consolation, ma joie : tout est fini pour moi, et je n'ai plus que faire au monde. Sans toi, il m'est impossible de vivre. C'en est fait ; je n'en puis plus ; je me meurs ; je suis mort ; je suis enterré. N'y a-t-il personne qui veuille me ressusciter, en me rendant mon cher argent, ou en m'apprenant qui l'a pris ? Euh ! que dites-vous ? Ce n'est personne. Il faut, qui que ce soit qui ait fait le coup, qu'avec beaucoup de soin on ait épié l'heure ; et l'on a choisi justement le temps que je parlais à mon traître de fils. Sortons. Je veux aller quérir la justice, et faire donner la question à toute ma maison ; à servantes, à valets, à fils et à fille, et à moi aussi. Que de gens assemblés ! Je ne jette mes regards sur personne qui ne me donne des soupçons, et tout me semble mon voleur. Hé ! de quoi est-ce qu'on parle là ? de celui qui m'a dérobé ? Quel bruit fait-on là-haut ? Est-ce mon voleur qui y est ? De grâce, si l'on sait des nouvelles de mon voleur, je supplie que l'on m'en dise. N'est-il point caché là parmi vous ? Ils me regardent tous et se mettent à rire. Vous verrez qu'ils ont part, sans doute, au vol que l'on m'a fait. Allons vite, des commissaires, des archers, des prévôts, des juges, des gens, des potences et des bourreaux. Je veux faire pendre tout le monde ; et, si je ne retrouve mon argent, je me pendrai moi-même après.

ACTE CINQUIÈME

SCÈNE PREMIÈRE.

HARPAGON, UN COMMISSAIRE.

LE COMMISSAIRE.

Laissez-moi faire ; je sais mon métier, Dieu merci. Ce n'est pas d'aujourd'hui que je me mêle de découvrir des vols ; et je voudrais avoir autant de sacs de mille francs que j'ai fait pendre de personnes.

HARPAGON.

Tous les magistrats sont intéressés à prendre cette affaire en main : et, si l'on ne me fait retrouver mon argent, je demanderai justice de la justice.

LE COMMISSAIRE.

Il faut faire toutes les poursuites requises. Vous dites qu'il y avait dans cette cassette ?...

4*

HARPAGON.

Dix mille écus bien comptés.

LE COMMISSAIRE.

Dix mille écus !

HARPAGON, *en pleurant.*

Dix mille écus.

LE COMMISSAIRE.

Le vol est considérable !

HARPAGON.

Il n'y a point de supplice assez grand pour l'énormité de ce crime ; et, s'il demeure impuni, les choses les plus sacrées ne sont plus en sûreté.

LE COMMISSAIRE.

En quelles espèces était cette somme ?

HARPAGON.

En bons louis d'or et pistoles bien trébuchantes.

LE COMMISSAIRE.

Qui soupçonnez-vous de ce vol ?

HARPAGON.

Tout le monde ; et je veux que vous arrêtiez prisonniers la ville et les faubourgs.

LE COMMISSAIRE.

Il faut, si vous m'en croyez, n'effaroucher personne, et tâcher doucement d'attraper quelques preuves, afin de procéder après, par la rigueur, au recouvrement des deniers qui vous ont été pris.

SCÈNE II.

HARPAGON, UN COMMISSAIRE, MAÎTRE JACQUES.

MAÎTRE JACQUES, *dans le fond du théâtre, en se retournant du côté par lequel il est entré.*

Je m'en vais revenir. Qu'on me l'égorge tout à l'heure ; qu'on me lui fasse griller les pieds ; qu'on me le mette dans l'eau bouillante, et qu'on me le pende au plancher.

HARPAGON, *à maître Jacques.*

Qui ? celui qui m'a dérobé ?

MAÎTRE JACQUES.

Je parle d'un cochon de lait que votre intendant me vient d'envoyer, et je veux vous l'accommoder à ma fantaisie.

HARPAGON.

Il n'est pas question de cela ; et voilà monsieur, à qui il faut parler d'autre chose.

LE COMMISSAIRE, *à maître Jacques.*

Ne vous épouvantez point. Je suis homme à ne vous point scandaliser, et les choses iront dans la douceur.

MAÎTRE JACQUES.

Monsieur est de votre souper?

LE COMMISSAIRE.

Il faut ici, mon cher ami, ne rien cacher à votre maître.

MAÎTRE JACQUES.

Ma foi, monsieur, je montrerai tout ce que je sais faire, et je vous traiterai du mieux qu'il me sera possible.

HARPAGON.

Ce n'est pas là l'affaire.

MAÎTRE JACQUES.

Si je ne vous fais pas aussi bonne chère que je voudrais, c'est la faute de monsieur votre intendant, qui m'a rogné les ailes avec les ciseaux de son économie.

HARPAGON.

Traître! il s'agit d'autre chose que de souper; et je veux que tu me dises des nouvelles de l'argent qu'on m'a pris.

MAÎTRE JACQUES.

On vous a pris de l'argent?

HARPAGON.

Oui, coquin; et je m'en vais te faire pendre, si tu ne me le rends.

LE COMMISSAIRE, *à Harpagon.*

Mon Dieu! ne le maltraitez point. Je vois à sa mine qu'il est honnête homme, et que, sans se faire mettre en prison, il vous découvrira ce que vous voulez savoir. Oui, mon ami, si vous nous confessez la chose, il ne vous sera fait aucun mal, et vous serez récompensé comme il faut par votre maître. On lui a pris aujourd'hui son argent; et il n'est pas que vous ne sachiez quelques nouvelles de cette affaire.

MAÎTRE JACQUES, *bas, à part.*

Voici justement ce qu'il me faut pour me venger de notre intendant. Depuis qu'il est entré céans, il est le favori, on n'écoute que ses conseils; et j'ai aussi sur le cœur les coups de bâton de tantôt.

HARPAGON.

Qu'as-tu à ruminer?

LE COMMISSAIRE, *à Harpagon.*

Laissez-le faire. Il se prépare à vous contenter; et je vous ai bien dit qu'il était honnête homme.

MAÎTRE JACQUES.

Monsieur, si vous voulez que je vous dise les choses, je crois que c'est monsieur votre cher intendant qui a fait le coup.

HARPAGON.

Valère?

MAÎTRE JACQUES.

Oui.

HARPAGON.

Lui ! qui me paraît si fidèle ?

MAÎTRE JACQUES.

Lui-même. Je crois que c'est lui qui vous a dérobé.

HARPAGON.

Et sur quoi le crois-tu ?

MAÎTRE JACQUES.

Sur quoi ?

HARPAGON.

Oui.

MAÎTRE JACQUES.

Je le crois... sur ce que je le crois.

LE COMMISSAIRE.

Mais il est nécessaire de dire les indices que vous avez.

HARPAGON.

L'as-tu vu rôder autour du lieu où j'avais mis mon argent ?

MAÎTRE JACQUES.

Oui, vraiment. Où était-il votre argent ?

HARPAGON.

Dans le jardin.

MAÎTRE JACQUES.

Justement je l'ai vu rôder dans le jardin. Et dans quoi est-ce que cet argent était ?

HARPAGON.

Dans une cassette.

MAÎTRE JACQUES.

Voilà l'affaire. Je lui ai vu une cassette.

HARPAGON.

Et cette cassette, comment est-elle faite ? Je verrai bien si c'est la mienne.

MAÎTRE JACQUES.

Comment est-elle faite ?

HARPAGON.

Oui.

MAÎTRE JACQUES.

Elle est faite... elle est faite comme une cassette.

LE COMMISSAIRE.

Cela s'entend. Mais dépeignez-la un peu, pour voir.

MAÎTRE JACQUES.

C'est une grande cassette.

HARPAGON.

Celle qu'on m'a volée est petite.

MAÎTRE JACQUES.

Hé ! oui, elle est petite, si on veut le prendre par là ; mais je l'appelle grande pour ce qu'elle contient.

LE COMMISSAIRE.

Et de quelle couleur est-elle ?

MAÎTRE JACQUES.

De quelle couleur ?

LE COMMISSAIRE.

Oui.

MAÎTRE JACQUES.

Elle est de couleur... là, d'une certaine couleur... Ne sauriez-
vous m'aider à dire ?

HARPAGON.

Euh !

MAÎTRE JACQUES.

N'est-elle pas rouge ?

HARPAGON.

Non, grise.

MAÎTRE JACQUES.

Hé ! oui, gris-rouge ; c'est ce que je voulais dire.

HARPAGON.

Il n'y a point de doute ; c'est elle assurément. Écrivez, monsieur,
écrivez sa déposition. Ciel ! à qui désormais se fier ! Il ne faut plus
jurer de rien ; et je crois, après cela, que je suis homme à me
voler moi-même.

MAÎTRE JACQUES, à Harpagon.

Monsieur, le voici qui revient. Ne lui allez pas dire, au moins,
que c'est moi qui vous ai découvert cela.

SCÈNE III.

HARPAGON, UN COMMISSAIRE, VALÈRE, MAÎTRE JACQUES.

HARPAGON.

Approche, viens confesser l'action la plus noire, l'attentat le
plus horrible qui jamais ait été commis.

VALÈRE.

Que voulez-vous, monsieur ?

HARPAGON.

Comment, traître ! tu ne rougis pas de ton crime ?

VALÈRE.

De quel crime voulez-vous donc parler ?

HARPAGON.

De quel crime je veux parler, infâme ? comme si tu ne savais
pas ce que je veux dire ! C'est en vain que tu prétendrais de le
déguiser ; l'affaire est découverte, et l'on vient de m'apprendre
tout. Comment abuser ainsi de ma bonté, et s'introduire exprès
chez moi pour me trahir, pour me jouer un tour de cette nature ?

VALÈRE.

Monsieur, puisqu'on vous a découvert tout, je ne veux point de
détours, et vous nier la chose.

MAÎTRE JACQUES, à part.

Oh ! oh ! aurais-je deviné sans y penser ?

VALÈRE.

C'était mon dessein de vous en parler, et je voulais attendre
pour cela des conjonctures favorables ; mais, puisqu'il est ainsi, je
vous conjure de ne vous point fâcher, et de vouloir entendre mes
raisons.

HARPAGON.

Et quelles belles raisons peux-tu me donner, voleur infâme ?

VALÈRE.

Ah ! monsieur, je n'ai pas mérité ces noms. Il est vrai que j'ai commis une offense envers vous ; mais, après tout, ma faute est pardonnable.

HARPAGON.

Comment ! pardonnable ? Un guet-apens, un assassinat de la sorte !

VALÈRE.

De grâce, ne vous mettez point en colère. Quand vous m'aurez ouï, vous verrez que le mal n'est pas si grand que vous le faites.

HARPAGON.

Le mal n'est pas si grand que je le fais ! Quoi ! mon sang, mes entrailles, pendard !

VALÈRE.

Votre sang, monsieur, n'est pas tombé dans de mauvaises mains. Je suis d'une condition à ne lui point faire de tort ; et il n'y a rien, en tout ceci, que je ne puisse bien réparer.

HARPAGON.

C'est bien mon intention, et que tu me restitues ce que tu m'as ravi.

VALÈRE.

Votre honneur, monsieur, sera pleinement satisfait.

HARPAGON.

Il n'est pas question d'honneur là-dedans. Mais, dis-moi, qui t'a porté à cette action ?

VALÈRE.

Hélas ! me le demandez-vous ?

HARPAGON.

Oui, vraiment, je te le demande.

VALÈRE.

Un dieu qui porte les excuses de tout ce qu'il fait faire, l'Amour.

HARPAGON.

L'Amour ?

VALÈRE.

Oui.

HARPAGON.

Bel amour, bel amour, ma foi, l'amour de mes louis d'or !

VALÈRE.

Non, monsieur, ce ne sont point vos richesses qui m'ont tenté ; ce n'est pas cela qui m'a ébloui ; et je proteste de ne prétendre rien à tous vos biens, pourvu que vous me laissiez celui que j'ai.

HARPAGON.

Non ferai, de par tous les diables ; je ne te le laisserai pas. Mais voyez quelle insolence de vouloir retenir le vol qu'il m'a fait !

VALÈRE.

Appelez-vous ça un vol ?

HARPAGON.

Si je l'appelle un vol ? un trésor comme celui-là !

VALÈRE.

C'est un trésor, il est vrai, et le plus précieux que vous ayez, sans doute ; mais ce ne sera pas le perdre que de me le laisser. Je vous le demande à genoux, ce trésor plein de charmes ; et, pour bien faire, il faut que vous me l'accordiez.

HARPAGON.

Je n'en ferai rien. Qu'est-ce à dire cela ?

VALÈRE.

Nous nous sommes promis une foi mutuelle, et avons fait serment de ne nous point abandonner.

HARPAGON.

Le serment est admirable, et la promesse plaisante !

VALÈRE.

Oui, nous nous sommes engagés d'être l'un à l'autre à jamais.

HARPAGON.

Je vous en empêcherai bien, je vous assure.

VALÈRE.

Rien que la mort ne nous peut séparer.

HARPAGON.

C'est être bien endiablé après mon argent !

VALÈRE.

Je vous ai déjà dit, monsieur, que ce n'était point l'intérêt qui m'avait poussé à faire ce que j'ai fait. Mon cœur n'a point agi par les ressorts que vous pensez, et un motif plus noble m'a inspiré cette résolution.

HARPAGON.

Vous verrez que c'est par charité chrétienne qu'il veut avoir mon bien ! Mais j'y donnerai bon ordre ; et la justice, pendard effronté, me va faire raison de tout.

VALÈRE.

Vous en userez comme vous voudrez, et me voilà prêt à souffrir toutes les violences qu'il vous plaira ; mais je vous prie de croire au moins que, s'il y a du mal, ce n'est que moi qu'il en faut accuser, et que votre fille, en tout ceci, n'est aucunement coupable.

HARPAGON.

Je le crois bien, vraiment ! il serait fort étrange que ma fille eût trempé dans ce crime. Mais je veux ravoir mon affaire, et que tu me confesses en quel endroit tu me l'as enlevée.

VALÈRE.

Moi ? je ne l'ai point enlevée ; et elle est encore chez vous.

HARPAGON, *à part.*

O ma chère cassette ! (*Haut.*) Elle n'est point sortie de ma maison ?

VALÈRE.

Non, monsieur.

HARPAGON.

Hé ! dis-moi donc un peu : tu n'y as point touché ?

VALÈRE.

Moi y toucher ? Ah ! vous lui faites tort, aussi bien qu'à moi ; et c'est d'une ardeur toute pure et respectueuse que j'ai brûlé pour elle.

HARPAGON, *à part.*

Brûlé pour ma cassette !

VALÈRE.

J'aimerais mieux mourir que de lui avoir fait paraître aucune pensée offensante · elle est trop sage et trop honnête pour cela.

HARPAGON, *à part.*

Ma cassette trop honnête !

VALÈRE.

Tous mes désirs se sont bornés à jouir de sa vue ; et rien de criminel n'a profané la passion que ses beaux yeux m'ont inspirée.

HARPAGON, *à part.*

Les beaux yeux de ma cassette ! Il parle d'elle comme un amant d'une maîtresse.

VALÈRE.

Dame Claude, monsieur, sait la vérité de cette aventure ; et elle peut vous rendre témoignage.

HARPAGON.

Quoi ! ma servante est complice de l'affaire ?

VALÈRE.

Oui, monsieur : elle a été témoin de notre engagement ; et c'est après avoir connu l'honnêteté de ma flamme, qu'elle m'a aidé à persuader votre fille de me donner sa foi, et recevoir la mienne.

HARPAGON, *à part.*

Eh ! est-ce que la peur de la justice le fait extravaguer ? (*A Valère.*) Que nous brouilles-tu ici de ma fille ?

VALÈRE.

Je dis, monsieur, que j'ai eu toutes les peines du monde à faire consentir sa pudeur à ce que voulait mon amour.

HARPAGON.

La pudeur de qui ?

VALÈRE.

De votre fille ; et c'est seulement depuis hier qu'elle a pu se résoudre à nous signer mutuellement une promesse de mariage.

HARPAGON.

Ma fille t'a signé une promesse de mariage ?

VALÈRE.

Oui, monsieur ; comme, de ma part, je lui en ai signé une.

HARPAGON.

O ciel ! autre disgrâce !

MAÎTRE JACQUES, *au commissaire.*

Écrivez, monsieur, écrivez.

HARPAGON.

Rengrègement de mal ! surcroît de désespoir ! (*Au commissaire.*) Allons, monsieur, faites le dû de votre charge ; et dressez-lui-moi son procès comme larron et comme suborneur.

MAÎTRE JACQUES.

Comme larron et comme suborneur.

VALÈRE.

Ce sont des noms qui ne me sont point dus ; et quand on saura qui je suis...

SCÈNE IV.

HARPAGON, ÉLISE, MARIANE, VALÈRE, FROSINE, MAÎTRE JACQUES, UN COMMISSAIRE.

HARPAGON.

Ah! fille scélérate! fille indigne d'un père comme moi! c'est ainsi que tu pratiques les leçons que je t'ai données? Tu te laisses prendre d'amour pour un voleur infâme, et tu lui engages ta foi sans mon consentement! Mais vous serez trompés l'un et l'autre. (*A Élise.*) Quatre bonnes murailles me répondront de ta conduite; (*à Valère*) et une bonne potence, pendard effronté, me fera raison de ton audace.

VALÈRE.

Ce ne sera point votre passion qui jugera l'affaire, et l'on m'écoutera, au moins, avant que de me condamner.

HARPAGON.

Je me suis abusé de dire une potence; et tu seras roué tout vif.

ÉLISE, *aux genoux d'Harpagon.*

Ah! mon père, prenez des sentiments un peu plus humains, je vous prie, et n'allez point pousser les choses dans les dernières violences du pouvoir paternel. Ne vous laissez point entraîner aux premiers mouvements de votre passion, et donnez-vous le temps de considérer ce que vous voulez faire. Prenez la peine de mieux voir celui dont vous vous offensez. Il est tout autre que vos yeux ne le jugent; et vous trouverez moins étrange que je me sois donnée à lui, lorsque vous saurez que, sans lui, vous ne m'auriez plus il y a longtemps. Oui, mon père, c'est celui qui me sauva de ce grand péril que vous savez que je courus dans l'eau, et à qui vous devez la vie de cette même fille dont...

HARPAGON.

Tout cela n'est rien; et il valait bien mieux pour moi qu'il te laissât noyer que de faire ce qu'il a fait.

ÉLISE.

Mon père, je vous en conjure, par l'amour paternel, de me...

HARPAGON.

Non, non; je veux rien entendre, et il faut que la justice fasse son devoir.

MAÎTRE JACQUES, *à part.*

Tu me paieras mes coups de bâton!

FROSINE, *à part.*

Voici un étrange embarras!

SCÈNE V.

HARPAGON, ÉLISE, MARIANE, CLÉANTE, VALÈRE, FROSINE, UN COMMISSAIRE, MAÎTRE JACQUES, LA FLÈCHE.

CLÉANTE.

Ne vous tourmentez point, mon père, et n'accusez personne. J'ai découvert des nouvelles de votre affaire ; et je viens ici pour vous dire que, si vous voulez vous résoudre à me laisser épouser Mariane, votre argent vous sera rendu.

HARPAGON.

Où est-il ?

CLÉANTE.

Ne vous en mettez point en peine. Il est en lieu dont je réponds ; et tout ne dépend que de moi. C'est à vous de me dire à quoi vous vous déterminez ; et vous pouvez choisir, ou de me donner Mariane, ou de perdre votre cassette.

HARPAGON.

N'en a-t-on rien ôté ?

CLÉANTE.

Rien du tout. Voyez si c'est votre dessein de souscrire à ce mariage, et de joindre votre consentement à celui de sa mère, qui lui laisse la liberté de faire un choix entre nous deux.

HARPAGON.

Il faut, pour me donner conseil, que je vole ma cassette.

CLÉANTE.

Vous la verrez saine et entière.

HARPAGON.

Je n'ai point d'argent à donner en mariage à mes enfants.

VALÈRE.

Hé bien! j'en ai pour eux ; que cela ne vous inquiète point

HARPAGON.

Vous obligerez-vous à faire tous les frais de ces deux mariages ?

VALÈRE.

Oui, je m'y oblige. Êtes-vous satisfait?

HARPAGON.

Oui, pourvu que, pour les noces, vous me fassiez faire un habit.

VALÈRE.

D'accord. Allons jouir de l'allégresse que cet heureux jour nous présente.

LE COMMISSAIRE.

Holà ! messieurs, holà ! Tout doucement, s'il vous plaît. Qui me paiera mes écritures?

HARPAGON.

Nous n'avons que faire de vos écritures.

LE COMMISSAIRE.

Oui ! mais je ne prétends pas, moi, les avoir faites pour rien.

HARPAGON, *montrant maître Jacques.*

Pour votre paiement, voilà un homme que je vous donne à pendre.

MAÎTRE JACQUES.

Hélas! comment faut-il donc faire ? On me donne des coups de bâton pour dire vrai, et on me veut pendre pour mentir !

VALÈRE.

Seigneur Harpagon, il faut lui pardonner cette imposture.

HARPAGON.

Vous paierez donc le commissaire?

VALÈRE

Soit. Allons vite faire part de notre joie à notre mère.

HARPAGON.

Et moi, voir ma chère cassette.

LE MALADE IMAGINAIRE

COMÉDIE EN TROIS ACTES

(1673)

PERSONNAGES.

ARGAN, malade imaginaire. Il est vêtu en malade.
BÉLINE, seconde femme d'Argan.
ANGÉLIQUE, fille d'Argan, et amante de Cléante.
LOUISON, petite fille d'Argan, et sœur d'Angélique.
BÉRALDE, frère d'Argan.
CLÉANTE, amant d'Angélique.
MONSIEUR DIAFOIRUS, médecin.
THOMAS DIAFOIRUS, son fils, et amant d'Angélique.
MONSIEUR PURGON, médecin d'Argan.
MONSIEUR FLEURANT, apothicaire.
MONSIEUR BONNEFOI.
TOINETTE.

(La scène est à Paris.)

ACTE PREMIER

SCÈNE PREMIÈRE.

ARGAN, *assis, une table devant lui, comptant avec des jetons les parties de son apothicaire.*

Trois et deux font cinq, et cinq font dix, et dix font vingt; trois et deux font cinq. « Plus, du vingt-quatrième, un petit clystère insinuatif, préparatif et rémollient, pour amollir, humecter et rafraîchir les entrailles de monsieur. » Ce qui me plaît de monsieur Fleurant, mon apothicaire, c'est que ses parties sont toujours fort civiles. « Les entrailles de monsieur, trente sols. » Oui; mais, monsieur Fleurant, ce n'est pas tout que d'être civil; il faut être aussi raisonnable, et ne pas écorcher les malades. Trente sols un lavement! je suis votre serviteur, je vous l'ai déjà dit; vous

ne me les avez mis dans les autres parties qu'à vingt sols ; et vingt
sols en langage d'apothicaire, c'est-à-dire dix sols ; les voilà,
dix sols. « Plus, dudit jour, un bon clystère détersif, composé a ce
« catholicon double, rhubarbe, miel rosat, et autres, suivant l'or-
« donnance, pour balayer, laver et nettoyer le bas-ventre de
« monsieur, trente sols. » Avec votre permission, dix sols. « Plus,
« dudit jour, le soir, un julep hépatique, soporatif et somnifère,
« composé pour faire dormir monsieur, trente-cinq sols. » Je ne
me plains pas de celui-là ; car il me fit bien dormir. Dix, quinze,
seize, et dix-sept sols six deniers. « Plus, du vingt-cinquième, une
« bonne médecine purgative et corroborative, composée de casse
« récente avec séné levantin, et autres, suivant l'ordonnance de
« monsieur Purgon, pour expulser et évacuer la bile de monsieur,
« quatre livres. » Ah ! monsieur Fleurant, c'est se moquer : il faut
vivre avec les malades. Monsieur Purgon ne vous a pas ordonné de
mettre quatre francs. Mettez, mettez trois livres, s'il vous plaît.
Vingt et trente sols. « Plus, dudit jour, une potion anodine et
« astringente, pour faire reposer monsieur, trente sols. » Bon, dix et
quinze sols. « Plus, du vingt-sixième, un clystère carminatif, pour
« chasser les vents de monsieur, trente sols. » Dix sols, monsieur Fleurant. « Plus, le clystère de monsieur, réitéré le soir,
« comme dessus, trente sols. » Monsieur Fleurant, dix sols. « Plus,
« du vingt-septième, une bonne médecine, composée pour hâter
« d'aller et chasser dehors les mauvaises humeurs de monsieur,
« trois livres. » Bon, vingt et trente sols ; je suis bien aise que
vous soyez raisonnable. « Plus, du vingt-huitième, une prise de
« petit lait clarifié et dulcoré, pour adoucir, lénifier, tempérer et
« rafraîchir le sang de monsieur, vingt sols. » Bon, dix sols.
« Plus, une potion cordiale et préservative, composée avec douze
« grains de bézoar, sirop de limon et grenades, et autres, suivant
« l'ordonnance, cinq livres. » Ah ! monsieur Fleurant, tout doux,
s'il vous plaît ; si vous en usez comme cela, on ne voudra plus
être malade : contentez-vous de quatre francs, vingt et quarante
sols. Trois et deux font cinq et cinq font dix, et dix font vingt.
Soixante et trois livres quatre sols six deniers. Si bien donc que,
de ce mois, j'ai pris une, deux, trois, quatre, cinq, six, sept et
huit médecines ; et un, deux, trois, quatre, cinq, six, sept, huit,
neuf, dix, onze et douze lavements ; et l'autre mois, il y avait douze
médecines et vingt lavements. Je ne m'étonne pas si je ne
me porte pas si bien ce mois-ci que l'autre. Je le dirai à monsieur Purgon, afin qu'il mette ordre à cela. Allons, qu'on m'ôte tout
ceci. (*Voyant que personne ne vient, et qu'il n'y a aucun de ses gens
dans sa chambre.*) Il n'y a personne. J'ai beau dire : on me laisse
toujours seul ; il n'y a pas moyen de les arrêter ici. (*Après avoir
sonné une sonnette qui est sur la table.*) Ils n'entendent point, et
ma sonnette ne fait pas assez de bruit. Drelin, drelin, drelin. Point
d'affaire. Drelin, drelin, drelin. Ils sont sourds... Toinette. Drelin,
drelin, drelin. Tout comme si je ne sonnais point. Chienne !
coquine ! Drelin, drelin, drelin. J'enrage. (*Il ne sonne plus, mais il
crie.*) Drelin, drelin, drelin. Carogne, à tous les diables !
Est-il possible qu'on laisse comme cela un pauvre malade tout

Le malade imaginaire.

seul? Drelin, drelin, drelin. Voilà qui est pitoyable! Drelin, drelin,
drelin! Ah! mon Dieu! Ils me laisseront ici mourir. Drelin, drelin,
drelin.

SCÈNE II.

ARGAN, TOINETTE.

TOINETTE, *en entrant.*

On y va.

ARGAN.

Ah! chienne! ah! carogne!

TOINETTE, *faisant semblant de s'être cogné la tête.*

Diantre soit fait de votre impatience! Vous pressez si fort les
personnes, que je me suis donné un grand coup de la tête contre
la carne d'un volet.

ARGAN, *en colère.*

Ah! traîtresse!...

TOINETTE, *interrompant Argan.*

Ah!

ARGAN.

Il y a...

TOINETTE.

Ah!

ARGAN.

Il y a une heure...

TOINETTE.

Ah!

ARGAN.

Tu m'as laissé...

TOINETTE.

Ah!

ARGAN.

Tais-toi donc, coquine, que je te querelle.

TOINETTE.

Çamon, ma foi, j'en suis d'avis, après ce que je me suis fait.

ARGAN.

Tu m'as fait égosiller, carogne.

TOINETTE.

Et vous m'avez fait, vous, casser la tête : l'un vaut bien l'autre.
Quitte à quitte, si vous voulez.

ARGAN.

Quoi! coquine...

TOINETTE.

Si vous querellez, je pleurerai.

ARGAN.

Me laisser, traîtresse...

TOINETTE, *interrompant encore Argan.*

Ah!

COMÉD. DE MOL.   5

ARGAN.

Chienne, tu veux...

TOINETTE.

Ah !

ARGAN.

Quoi ! il faudra encore que je n'aie pas le plaisir de la quereller ?

TOINETTE.

Querellez tout votre soûl : je le veux bien.

ARGAN.

Tu m'en empêches, chienne, en m'interrompant à tous coups.

TOINETTE.

Si vous avez le plaisir de quereller, il faut bien que, de mon côté, j'aie le plaisir de pleurer : chacun le sien, ce n'est pas trop. Ah !

ARGAN.

Allons, il faut en passer par là. Ote-moi ceci, coquine, ôte-moi ceci (*Après s'être levé.*) Mon lavement d'aujourd'hui a-t-il bien opéré ?

TOINETTE.

Votre lavement ?

ARGAN.

Oui. Ai-je bien fait de la bile ?

TOINETTE.

Ma foi ! je ne me mêle point de ces affaires-là ; c'est à monsieur Fleurant à y mettre le nez, puisqu'il en a le profit.

ARGAN.

Qu'on ait soin de me tenir un bouillon prêt, pour l'autre que je dois tantôt prendre.

TOINETTE.

Ce monsieur Fleurant-là et ce monsieur Purgon s'égaient bien sur votre corps ; ils ont en vous une bonne vache à lait, et je voudrais bien leur demander quel mal vous avez, pour faire tant de remèdes.

ARGAN.

Taisez-vous, ignorante ; ce n'est pas à vous à contrôler les ordonnances de la médecine. Qu'on me fasse venir ma fille Angélique ; j'ai à lui dire quelque chose.

TOINETTE.

La voici qui vient d'elle-même ; elle a deviné votre pensée.

SCÈNE III.

ARGAN, ANGÉLIQUE, TOINETTE.

ARGAN.

Oh çà, ma fille, je vais vous dire une nouvelle, où peut-être ne vous attendez-vous pas. On vous demande en mariage. Qu'est-ce que cela ? Vous riez ? Cela est plaisant, oui, ce mot de mariage ! Il n'y a rien de plus drôle pour les jeunes filles. Ah ! nature, nature ! A ce que je puis voir, ma fille, je n'ai que faire de vous demander si vous voulez bien vous marier.

ANGÉLIQUE.

Je dois faire, mon père, tout ce qu'il vous plaira de m'ordonner.

ARGAN.

Je suis bien aise d'avoir une fille si obéissante : là chose est donc conclue, et je vous ai promise.

ANGÉLIQUE.

C'est à moi, mon père, de suivre aveuglément toutes vos volontés.

ARGAN.

Ma femme, votre belle-mère, avait envie que je vous fisse religieuse, et votre petite sœur Louison aussi, et de tout temps elle a été aheurtée à cela.

TOINETTE, à part.

La bonne bête a ses raisons.

ARGAN.

Elle ne voulait point consentir à ce mariage : mais je l'ai emporté, et ma parole est donnée.

ANGÉLIQUE.

Ah ! mon père, que je vous suis obligée de toutes vos bontés !

TOINETTE, à Argan.

En vérité, je vous sais bon gré de cela ; et voilà l'action la plus sage que vous ayez faite de votre vie.

ARGAN.

Je n'ai point encore vu la personne ; mais on m'a dit que j'en serais content, et toi aussi.

ANGÉLIQUE.

Assurément, mon père.

ARGAN.

Comment ! l'as-tu vu ?

ANGÉLIQUE.

Puisque votre consentement m'autorise à vous pouvoir ouvrir mon cœur, je ne feindrai point de vous dire que le hasard nous a fait connaître il y a six jours, et que la demande qu'on vous a faite est un effet de l'inclination que, dès cette première vue, nous avons prise l'un pour l'autre.

ARGAN.

Ils ne m'ont pas dit cela ; mais j'en suis bien aise, et c'est tant mieux que les choses soient de la sorte. Ils disent que c'est un grand jeune garçon bien fait.

ANGÉLIQUE.

Oui, mon père.

ARGAN.

De belle taille.

ANGÉLIQUE.

Sans doute.

ARGAN.

Agréable de sa personne.

ANGÉLIQUE.

Assurément.

ARGAN.

De bonne physionomie.

ANGÉLIQUE.

Très bonne.

ARGAN.

Sage et bien né.

ANGÉLIQUE.

Tout à fait.

ARGAN.

Fort honnête.

ANGÉLIQUE.

Le plus honnête du monde.

ARGAN.

Qui parle bien latin et grec.

ANGÉLIQUE.

C'est ce que je ne sais pas.

ARGAN.

Et qui sera reçu médecin dans trois jours.

ANGÉLIQUE.

Lui, mon père?

ARGAN.

Oui. Est-ce qu'il ne te l'a pas dit?

ANGÉLIQUE.

Non, vraiment. Qui vous l'a dit, à vous ?

ARGAN.

Monsieur Purgon.

ANGÉLIQUE.

Est-ce que monsieur Purgon le connaît ?

ARGAN.

La belle demande ! Il faut bien qu'il le connaisse, puisque c'est son neveu.

ANGÉLIQUE.

Cléante, neveu de monsieur Purgon ?

ARGAN.

Quel Cléante? Nous parlons de celui pour qui l'on t'a demandée en mariage.

ANGÉLIQUE.

Hé! oui.

ARGAN.

Hé bien ! c'est le neveu de monsieur Purgon, qui est le fils de son beau-frère le médecin, monsieur Diafoirus ; et ce fils s'appelle Thomas Diafoirus, et non pas Cléante ; et nous avons conclu ce mariage-là ce matin, monsieur Purgon, monsieur Fleurant, et moi; et demain, ce gendre prétendu doit m'être amené par son père. Qu'est-ce ? Vous voilà tout ébaubie !

ANGÉLIQUE.

C'est, mon père, que je connais que vous avez parlé d'une personne, et que j'ai entendu une autre.

TOINETTE.

Quoi ! monsieur, vous auriez fait ce dessein burlesque ? Et

aveo tout le bien que vous avez, vous voudriez marier votre fille avec un médecin ?

ARGAN.

Oui. De quoi te mêles-tu, coquine, impudente que tu es ?

TOINETTE.

Mon Dieu ! tout doux. Vous allez d'abord aux invectives. Est-ce que nous ne pouvons pas raisonner ensemble sans nous emporter ? Là, parlons de sang-froid. Quelle est votre raison, s'il vous plaît, pour un tel mariage ?

ARGAN.

Ma raison est que, me voyant infirme et malade comme je suis, je veux me faire un gendre et des alliés médecins, afin de m'appuyer de bons secours contre ma maladie, d'avoir dans ma famille les sources des remèdes qui me sont nécessaires, et d'être à même des consultations et des ordonnances.

TOINETTE.

Hé bien ! voilà dire une raison, et il y a plaisir à se répondre doucement les uns aux autres. Mais, monsieur, mettez la main à la conscience : est-ce que vous êtes malade ?

ARGAN.

Comment, coquine ! si je suis malade ! Si je suis malade, impudente !

TOINETTE.

Hé bien ! oui, monsieur, vous êtes malade ; n'ayons point de querelle là-dessus. Oui, vous êtes fort malade, j'en demeure d'accord, et plus malade que vous ne pensez : voilà qui est fait. Mais votre fille doit épouser un mari pour elle ; et, n'étant point malade, il n'est pas nécessaire de lui donner un médecin.

ARGAN.

C'est pour moi que je lui donne ce médecin ; et une fille de bon naturel doit être ravie d'épouser ce qui est utile à la santé de son père.

TOINETTE.

Ma foi, monsieur, voulez-vous qu'en amie je vous donne un conseil ?

ARGAN.

Quel est-il, ce conseil ?

TOINETTE.

De ne point songer à ce mariage-là.

ARGAN.

Et la raison ?

TOINETTE.

La raison, c'est que votre fille n'y consentira point.

ARGAN.

Elle n'y consentira point ?

TOINETTE.

Non.

ARGAN.

Ma fille ?

TOINETTE.

Votre fille. Elle vous dira qu'elle n'a que faire de monsieur Diafoirus, ni de son fils Thomas Diafoirus, ni de tous les Diafoirus du monde.

ARGAN.

J'en ai affaire, moi, outre que le parti est plus avantageux qu'on ne pense. Monsieur Diafoirus n'a que ce fils-là pour tout héritier ; et, de plus, monsieur Purgon, qui n'a ni femme ni enfants, lui donne tout son bien en faveur de ce mariage ; et monsieur Purgon est un homme qui a huit mille bonnes livres de rente.

TOINETTE.

Il faut qu'il ait tué bien des gens, pour s'être fait si riche.

ARGAN.

Huit mille livres de rente sont quelque chose, sans compter le bien du père.

TOINETTE.

Monsieur, tout cela est bel et bon ; mais j'en reviens toujours là : je vous conseille, entre nous, de lui choisir un autre mari ; et elle n'est point faite pour être madame Diafoirus.

ARGAN.

Et je veux, moi, que cela soit.

TOINETTE.

Hé, fi ! ne dites pas cela.

ARGAN.

Comment ! que je ne dise pas cela ?

TOINETTE.

Hé, non.

ARGAN.

Et pourquoi ne le dirai-je pas ?

TOINETTE.

On dira que vous ne songez pas à ce que vous dites.

ARGAN.

On dira ce qu'on voudra ; mais je vous dis que je veux qu'elle exécute la parole que j'ai donnée.

TOINETTE.

Non ; je suis sûre qu'elle ne le fera pas.

ARGAN.

Je l'y forcerai bien.

TOINETTE.

Elle ne le fera pas, vous dis-je.

ARGAN.

Elle le fera, ou je la mettrai dans un couvent.

TOINETTE.

Vous ?

ARGAN.

Moi.

TOINETTE.

Bon !

ARGAN.

Comment, bon ?

TOINETTE.

Vous ne la mettrez point dans un couvent ?

ARGAN.

Je ne la mettrai point dans un couvent ?

TOINETTE.

Non.

ARGAN.

Non ?

TOINETTE.

Non.

ARGAN.

Ouais ! Voici qui est plaisant ! Je ne mettrai pas ma fille dans un couvent, si je veux ?

TOINETTE.

Non, vous dis-je.

ARGAN.

Qui m'en empêchera ?

TOINETTE.

Vous-même.

ARGAN.

Moi ?

TOINETTE.

Oui. Vous n'aurez pas ce cœur-là.

ARGAN.

Je l'aurai.

TOINETTE.

Vous vous moquez.

ARGAN.

Je ne me moque point.

TOINETTE.

La tendresse paternelle vous prendra.

ARGAN.

Elle ne me prendra point.

TOINETTE.

Une petite larme ou deux, des bras jetés au cou, un Mon petit papa mignon, prononcé tendrement, sera assez pour vous toucher.

ARGAN.

Tout cela ne fera rien.

TOINETTE.

Oui, oui.

ARGAN.

Je vous dis que je n'en démordrai point.

TOINETTE.

Bagatelles.

ARGAN.

Il ne faut point dire, Bagatelles.

TOINETTE.

Mon Dieu ! je vous connais, vous êtes bon naturellement.

ARGAN, *avec emportement.*

Je ne suis point bon, et je suis méchant quand je veux.

TOINETTE.

Doucement, monsieur. Vous ne songez pas que vous êtes malade.

ARGAN.

Je lui commande absolument de se préparer à prendre le mari que je dis.

TOINETTE.

Et moi, je lui défends absolument d'en faire rien.

ARGAN.

Où est-ce donc que nous sommes? et quelle audace est-ce là, à une coquine de servante, de parler de la sorte devant son maître?

TOINETTE.

Quand un maître ne songe pas à ce qu'il fait, une servante bien sensée est en droit de le redresser.

ARGAN, *courant après Toinette.*

Ah! insolente, il faut que je t'assomme.

TOINETTE, *évitant Argan, et mettant la chaise entre elle et lui.*

Il est de mon devoir de m'opposer aux choses qui vous peuvent déshonorer.

ARGAN, *courant après Toinette autour de la chaise avec son bâton.*

Viens, viens, que je t'apprenne à parler.

TOINETTE, *se sauvant du côté où n'est point Argan.*

Je m'intéresse, comme je dois, à ne vous point laisser faire de folie.

ARGAN, *de même.*

Chienne!

TOINETTE, *de même.*

Non, je ne consentirai jamais à ce mariage.

ARGAN, *de même.*

Pendarde!

TOINETTE, *de même.*

Je ne veux point qu'elle épouse votre Thomas Diafoirus.

ARGAN, *de même.*

Carogne!

TOINETTE, *de même.*

Et elle m'obéira plutôt qu'à vous.

ARGAN, *s'arrêtant.*

Angélique, tu ne veux pas m'arrêter cette coquine-là?

ANGÉLIQUE.

Hé! mon père, ne vous faites point malade.

ARGAN, *à Angélique.*

Si tu ne me l'arrêtes, je te donnerai ma malédiction.

TOINETTE, *en s'en allant.*

Et moi, je la déshériterai, si elle vous obéit.

ARGAN, *se jetant dans sa chaise.*

Ah! ah! je n'en puis plus. Voilà pour me faire mourir.

SCÈNE IV.

BÉLINE, ARGAN.

ARGAN.

Ah! ma femme, approchez

BÉLINE.

Qu'avez-vous, mon pauvre mari ?

ARGAN.

Venez-vous-en ici à mon secours.

BÉLINE.

Qu'est-ce que c'est donc qu'il y a, mon petit fils ?

ARGAN.

Ma mie !

BÉLINE.

Mon ami !

ARGAN.

On vient de me mettre en colère.

BÉLINE.

Hélas ! pauvre petit mari ! Comment donc, mon ami ?

ARGAN.

Votre coquine de Toinette est devenue plus insolente que jamais.

BÉLINE.

Ne vous passionnez donc point.

ARGAN.

Elle m'a fait enrager, ma mie.

BÉLINE.

Doucement, mon fils.

ARGAN.

Elle a contrecarré, une heure durant, les choses que je veux faire.

BÉLINE.

Là, là, tout doux !

ARGAN.

Et a eu l'effronterie de me dire que je ne suis point malade.

BÉLINE.

C'est une impertinente.

ARGAN.

Vous savez, mon cœur, ce qui en est.

BÉLINE.

Oui, mon cœur ; elle a tort.

ARGAN.

M'amour, cette coquine-là me fera mourir.

BÉLINE.

Hé là, hé là !

ARGAN.

Elle est cause de toute la bile que je fais.

BÉLINE.

Ne vous fâchez point tant.

ARGAN.

Et il y a je ne sais combien que je vous dis de me la chasser.

BÉLINE.

Mon Dieu ! mon fils, il n'y a point de serviteurs et de servantes qui n'aient leurs défauts. On est contraint parfois de souffrir leurs mauvaises qualités, à cause des bonnes. Celle-ci est adroite, soigneuse, diligente, et surtout fidèle ; et vous savez qu'il faut maintenant de grandes précautions pour les gens que l'on prend. Holà ! Toinette !

SCÈNE V.

ARGAN, BÉLINE, TOINETTE.

TOINETTE.
Madame.

BÉLINE.
Pourquoi donc est-ce que vous mettez mon mari en colère?

TOINETTE, *d'un ton doucereux.*
Moi, madame? Hélas! je ne sais pas ce que vous me voulez dire, et je ne songe qu'à complaire à monsieur en toutes choses.

ARGAN.
Ah! la traîtresse!

TOINETTE.
Il nous a dit qu'il voulait donner sa fille en mariage au fils de monsieur Diafoirus: je lui ai répondu que je trouvais le parti avantageux pour elle, mais je croyais qu'il ferait mieux de la mettre dans un couvent.

BÉLINE.
Il n'y a pas grand mal à cela, et je trouve qu'elle a raison.

ARGAN.
Ah! m'amour, vous la croyez? C'est une scélérate; elle m'a dit cent insolences.

BÉLINE.
Hé bien! je vous crois, mon ami. Là, remettez-vous. Écoutez, Toinette: si vous fâchez jamais mon mari, je vous mettrai dehors. Çà, donnez-moi son manteau fourré et des oreillers, que je l'accommode dans sa chaise. Vous voilà je ne sais comment. Enfoncez bien votre bonnet jusque sur vos oreilles; il n'y a rien qui enrhume tant que de prendre l'air par les oreilles.

ARGAN.
Ah! ma mie, que je vous suis obligé de tous les soins que vous prenez de moi!

BÉLINE, *accommodant les oreillers qu'elle met autour d'Argan.*
Levez-vous, que je mette ceci sous vous. Mettons celui-ci pour vous appuyer, et celui-là de l'autre côté. Mettons celui-ci derrière votre dos, et cet autre-là pour soutenir votre tête.

TOINETTE, *lui mettant rudement un oreiller sur la tête.*
Et celui-ci pour vous garder du serein.

ARGAN, *se levant en colère, et jetant ses oreillers à Toinette qui s'enfuit.*
Ah! coquine, tu veux m'étouffer!

SCÈNE VI.

ARGAN, BÉLINE.

BÉLINE.
Hé là, hé là ! Qu'est-ce que c'est donc?
ARGAN, *se jetant dans sa chaise.*
Ah, ah, ah! je n'en puis plus.
BÉLINE.
Pourquoi vous emporter ainsi? Elle a cru faire bien.
ARGAN.
Vous ne connaissez pas, m'amour, la malice de la pendarde. Ah! elle m'a mis tout hors de moi ; et il faudra plus de huit médecines et de douze lavements pour réparer tout ceci.
BÉLINE.
Là, là, mon petit ami, apaisez-vous un peu.
ARGAN.
Ma mi, vous êtes toute ma consolation.
BÉLINE.
Pauvre petit fils !
ARGAN.
Pour tâcher de reconnaître l'amour que vous me portez, je veux, mon cœur, comme je vous ai dit, faire mon testament.
BÉLINE.
Ah mon ami ! ne parlons point de cela, je vous prie : je ne saurais souffrir cette pensée ; et le seul mot de testament me fait tressaillir de douleur.
ARGAN.
Je vous avais dit de parler pour cela à votre notaire.
BÉLINE.
Le voilà là dedans, que j'ai amené avec moi.
ARGAN.
Faites-le donc entrer, m'amour.
BÉLINE.
Hélas! mon ami, quand on aime bien un mari, on n'est guère en état de songer à tout cela.

SCÈNE VII.

MONSIEUR DE BONNEFOI, BÉLINE, ARGAN.

ARGAN.
Approchez, monsieur de Bonnefoi, approchez. Prenez un siège, s'il vous plaît. Ma femme m'a dit, monsieur, que vous étiez fort honnête homme, et tout à fait de ses amis ; et je l'ai chargée de vous parler pour un testament que je veux faire.

BÉLINE.

Hélas! je ne suis point capable de parler de ces choses-là.

MONSIEUR DE BONNEFOI.

Elle m'a, monsieur, expliqué vos intentions, et le dessein où vous êtes pour elle; et j'ai à vous dire là-dessus que vous ne sauriez rien donner à votre femme par votre testament.

ARGAN.

Mais pourquoi?

MONSIEUR DE BONNEFOI.

La coutume y résiste. Si vous étiez en pays de droit écrit, cela se pourrait faire : mais à Paris et dans les pays coutumiers, au moins dans la plupart, c'est ce qui ne se peut; et la disposition serait nulle. Tout l'avantage qu'homme et femme conjoints par mariage se peuvent faire l'un à l'autre, c'est un don mutuel entre-vifs; encore faut-il qu'il n'y ait enfants, soit des deux conjoints, ou de l'un d'eux, lors du décès du premier mourant.

ARGAN.

Voilà une coutume bien impertinente, qu'un mari ne puisse rien laisser à une femme dont il est aimé tendrement, et qui prend de lui tant de soin! J'aurais envie de consulter mon avocat, pour voir comment je pourrais faire.

MONSIEUR DE BONNEFOI.

Ce n'est point à des avocats qu'il faut aller, car ils sont d'ordinaire sévères là-dessus, et s'imaginent que c'est un grand crime que de disposer en fraude de la loi : ce sont gens de difficultés, et qui sont ignorants des détours de la conscience. Il y a d'autres personnes à consulter, qui sont bien plus accommodantes, qui ont des expédients pour passer doucement par-dessus la loi, et rendre juste ce qui n'est pas permis; qui savent aplanir les difficultés d'une affaire, et trouver des moyens d'éluder la coutume par quelque avantage indirect. Sans cela, où en serions-nous tous les jours? Il faut de la facilité dans les choses; autrement nous ne ferions rien, et je ne donnerais pas un sol de notre métier.

ARGAN.

Ma femme m'avait bien dit, monsieur, que vous étiez fort habile et fort honnête homme. Comment puis-je faire, s'il vous plaît, pour lui donner mon bien et en frustrer mes enfants?

MONSIEUR DE BONNEFOI.

Comment vous pouvez faire? Vous pouvez choisir doucement un ami intime de votre femme, auquel vous donnerez, en bonne forme, par votre testament, tout ce que vous pouvez; et cet ami ensuite lui rendra tout. Vous pouvez encore contracter un grand nombre d'obligations non suspectes au profit de divers créanciers qui prêteront leur nom à votre femme, et entre les mains de laquelle ils mettront leur déclaration que ce qu'ils en ont fait n'a été que pour lui faire plaisir. Vous pouvez aussi, pendant que vous êtes en vie, mettre entre ses mains de l'argent comptant, ou des billets que vous pourrez avoir payables au porteur.

BÉLINE.

Mon Dieu! il ne faut point vous tourmenter de tout cela. S'il vient faute de vous, mon fils, je ne veux plus rester au monde.

ARGAN.

Ma mie !

BÉLINE.

Oui, mon ami, si je suis assez malheureuse pour vous perdre...

ARGAN.

Ma chère femme !

BÉLINE.

La vie ne me sera plus de rien.

ARGAN.

M'amour !

BÉLINE.

Et je suivrai vos pas, pour vous faire connaître la tendresse que j'ai pour vous.

ARGAN.

Ma mie, vous me fendez le cœur ! Consolez-vous, je vous en prie.

MONSIEUR DE BONNEFOI, à Béline.

Ces larmes sont hors de saison ; et les choses n'en sont point encore là.

BÉLINE.

Ah ! monsieur, vous ne savez pas ce que c'est qu'un mari qu'on aime tendrement.

ARGAN.

Tout le regret que j'aurai, si je meurs, ma mie, c'est de n'avoir point un enfant de vous.

MONSIEUR DE BONNEFOI.

Cela pourra venir encore.

ARGAN.

Il faut faire mon testament, m'amour, de la façon que monsieur dit ; mais, par précaution, je veux vous mettre entre les mains vingt mille francs en or que j'ai dans le lambris de mon alcôve, et deux billets payables au porteur, qui me sont dus, l'un par monsieur Damon, et l'autre par monsieur Géronte.

BÉLINE.

Non, non, je ne veux point de tout cela. Ah !... Combien dites-vous qu'il y a dans votre alcôve ?

ARGAN.

Vingt mille francs, m'amour.

BÉLINE.

Ne me parlez point de bien, je vous prie. Ah !... De combien sont les deux billets ?

ARGAN.

Ils sont, ma mie, l'un de quatre mille francs, et l'autre de six.

BÉLINE.

Tous les biens du monde, mon ami, ne me sont rien au prix de vous.

MONSIEUR DE BONNEFOI, à Argan.

Voulez-vous que nous procédions au testament ?

ARGAN.

Oui, monsieur ; mais nous serons mieux dans mon petit cabinet. M'amour, conduisez-moi, je vous prie.

BÉLINE.

Allons, mon pauvre petit fils.

SCÈNE VII.

ANGÉLIQUE, TOINETTE.

TOINETTE.

Les voilà avec un notaire, et j'ai ouï parler de testament. Votre belle-mère ne s'endort point : et c'est sans doute quelque conspiration contre vos intérêts, où elle pousse votre père.

ANGÉLIQUE.

Qu'il dispose de son bien à sa fantaisie, pourvu qu'il ne dispose point de mon cœur. Tu vois, Toinette, les desseins violents que l'on fait sur lui. Ne m'abandonne point, je te prie, dans l'extrémité où je suis.

TOINETTE.

Moi, vous abandonner ! J'aimerais mieux mourir. Votre belle-mère a beau me faire sa confidente, et me vouloir jeter dans ses intérêts, je n'ai jamais pu avoir d'inclination pour elle ; et j'ai toujours été de votre parti. Laissez-moi faire ; j'emploierai toute chose pour vous servir ; mais, pour vous servir avec plus d'effet, je veux changer de batterie, couvrir le zèle que j'ai pour vous, et feindre d'entrer dans les sentiments de votre père et de votre belle-mère.

ANGÉLIQUE.

Tâche, je t'en conjure, de faire donner avis à Cléante du mariage qu'on a conclu.

TOINETTE.

Je n'ai personne à employer à cet office, que le vieux usurier Polichinelle, mon amant ; et il m'en coûtera pour cela quelques paroles de douceur, que je veux bien dépenser pour vous. Pour aujourd'hui, il est trop tard ; mais demain, de grand matin, je l'envoierai querir, et il sera ravi de...

SCÈNE IX.

BÉLINE, *dans la maison ;* ANGÉLIQUE, TOINETTE.

BÉLINE.

Toinette !

TOINETTE, *à Angélique.*

Voilà qu'on m'appelle. Bonsoir. Reposez-vous sur moi.

ACTE SECOND

(Le théâtre représente la chambre d'Argan.)

SCÈNE PREMIÈRE.

CLÉANTE, TOINETTE.

TOINETTE, *ne reconnaissant pas Cléante.*
Que demandez-vous, monsieur?

CLÉANTE.
Ce que je demande?

TOINETTE.
Ah! ah! c'est vous! Quelle surprise! Que venez-vous faire céans?

CLÉANTE.
Savoir ma destinée, parler à l'aimable Angélique, consulter les sentiments de son cœur, et lui demander ses résolutions sur ce mariage fatal dont on m'a averti.

TOINETTE.
Oui; mais on ne parle pas comme cela de but en blanc à Angélique: il faut des mystères, et l'on vous a dit l'étroite garde où elle est retenue; qu'on ne la laisse ni sortir, ni parler à personne; et que ce ne fut que la curiosité d'une vieille tante, qui nous fit accorder la liberté d'aller à cette comédie, qui donna lieu à la naissance de votre passion; et nous nous sommes bien gardées de parler de cette aventure.

CLÉANTE.
Aussi ne viens-je pas ici comme Cléante, et sous l'apparence de son amant; mais comme ami de son maître de musique, dont j'ai obtenu le pouvoir de dire qu'il m'envoie à sa place.

SCÈNE II.

MONSIEUR DIAFOIRUS, THOMAS DIAFOIRUS, ARGAN, ANGÉLIQUE, CLÉANTE, TOINETTE, *laquais.*

ARGAN, *mettant la main à son bonnet, sans l'ôter.*
Monsieur Purgon, monsieur, m'a défendu de découvrir ma tête Vous êtes du métier: vous savez les conséquences.

MONSIEUR DIAFOIRUS.

Nous sommes dans toutes nos visites pour porter secours aux malades, et non pour leur porter de l'incommodité.

(Argan et monsieur Diafoirus parlent en même temps.)

ARGAN.

Je reçois, monsieur,

MONSIEUR DIAFOIRUS.

Nous venons ici, monsieur,

ARGAN.

Avec beaucoup de joie,

MONSIEUR DIAFOIRUS.

Mon fils Thomas, et moi,

ARGAN.

L'honneur que vous me faites,

MONSIEUR DIAFOIRUS.

Vous témoigner, monsieur,

ARGAN.

Et j'aurais souhaité...

MONSIEUR DIAFOIRUS.

Le ravissement où nous sommes...

ARGAN.

De pouvoir aller chez vous...

MONSIEUR DIAFOIRUS.

De la grâce que vous nous faites...

ARGAN.

Pour vous en assurer.

MONSIEUR DIAFOIRUS.

De vouloir bien nous recevoir...

ARGAN.

Mais vous savez, monsieur,

MONSIEUR DIAFOIRUS.

Dans l'honneur, monsieur,

ARGAN.

Ce que c'est qu'un pauvre malade,

MONSIEUR DIAFOIRUS.

De votre alliance ;

ARGAN.

Qui ne peut faire autre chose...

MONSIEUR DIAFOIRUS.

Et vous assurer...

ARGAN.

Que de vous dire ici...

MONSIEUR DIAFOIRUS.

Que, dans les choses qui dépendront de notre métier.

ARGAN.

Qu'il cherchera toutes les occasions

MONSIEUR DIAFOIRUS.

De même qu'en toute autre,

ARGAN.

De vous faire connaître, monsieur,

MONSIEUR DIAFOIRUS.

Nous serons toujours prêts, monsieur,

ARGAN.

Qu'il est tout à votre service,

MONSIEUR DIAFOIRUS.

A vous témoigner notre zèle. (*A son fils.*) Allons, Thomas, avancez. Faites vos compliments.

THOMAS DIAFOIRUS, *à monsieur Diafoirus* (1).

N'est-ce pas par le père qu'il convient commencer ?

MONSIEUR DIAFOIRUS.

Oui.

THOMAS DIAFOIRUS, *à Argan.*

Monsieur, je viens saluer, reconnaître, chérir et révérer en vous un second père. mais un second père auquel j'ose dire que je me trouve plus redevable qu'au premier. Le premier m'a engendré ; mais vous m'avez choisi. Il m'a reçu par nécessité ; mais vous m'avez accepté par grâce. Ce que je tiens de lui est un ouvrage de son corps ; mais ce que je tiens de vous est un ouvrage de votre volonté ; et d'autant plus que les facultés spirituelles sont au-dessus des corporelles, d'autant plus je vous dois, et d'autant plus je tiens précieuse cette future filiation, dont je viens aujourd'hui vous rendre. par avance, les très humbles et très respectueux hommages.

TOINETTE.

Vivent les collèges d'où l'on sort si habile homme !

THOMAS DIAFOIRUS, *à monsieur Diafoirus.*

Cela a-t-il bien été, mon père ?

MONSIEUR DIAFOIRUS.

Optime.

ARGAN, *à Angélique.*

Allons, saluez monsieur.

THOMAS DIAFOIRUS, *à monsieur Diafoirus.*

Baiserai-je ?

MONSIEUR DIAFOIRUS.

Oui, oui.

THOMAS DIAFOIRUS, *à Angélique.*

Madame, c'est avec justice que le ciel vous a concédé le nom de belle-mère, puisque l'on...

ARGAN, *à Thomas Diafoirus.*

Ce n'est pas ma femme, c'est ma fille à qui vous parlez.

---

(1) Ici l'édition originale place cette indication : « Thomas Diafoirus est un grand benêt, nouvellement sorti des écoles, qui fait toutes choses de mauvaise grâce et à contre-temps. »

THOMAS DIAFOIRUS.

Où donc est-elle ?

ARGAN.

Elle va venir.

THOMAS DIAFOIRUS.

Attendrai-je, mon père, qu'elle soit venue ?

MONSIEUR DIAFOIRUS.

Faites toujours le compliment de mademoiselle.

THOMAS DIAFOIRUS.

Mademoiselle, ne plus ne moins que la statue de Memnon rendait un son harmonieux, lorsqu'elle venait à être éclairée des rayons du soleil, tout de même me sens-je animé d'un doux transport à l'apparition du soleil de vos beautés ; et, comme les naturalistes remarquent que la fleur nommée héliotrope tourne sans cesse vers cet astre du jour, aussi mon cœur dorés-en-avant tournera-t-il toujours vers les astres resplendissants de vos yeux adorables, ainsi que vers son pôle unique. Souffrez donc, mademoiselle, que j'appende aujourd'hui à l'autel de vos charmes l'offrande de ce cœur qui ne respire et n'ambitionne autre gloire que d'être toute sa vie, mademoiselle, votre très humble, très obéissant, et très fidèle serviteur et mari.

TOINETTE.

Voilà ce que c'est que d'étudier ! on apprend à dire de belles choses.

ARGAN, à Cléante.

Hé ! que dites-vous de cela ?

CLÉANTE.

Que monsieur fait merveilles, et que, s'il est aussi bon médecin qu'il est bon orateur, il y aura plaisir à être de ses malades.

TOINETTE.

Assurément. Ce sera quelque chose d'admirable, s'il fait d'aussi belles cures qu'il fait de beaux discours.

ARGAN.

Allons, vite, ma chaise, et des sièges à tout le monde. (Des laquais donnent des sièges.) Mettez-vous là, ma fille. (A monsieur Diafoirus.) Vous voyez, monsieur, que tout le monde admire monsieur votre fils ; et je vous trouve bien heureux de vous voir un garçon comme cela.

MONSIEUR DIAFOIRUS.

Monsieur, ce n'est pas parce que je suis son père ; mais je puis dire que j'ai sujet d'être content de lui, et que tous ceux qui le voient en parlent comme d'un garçon qui n'a point de méchanceté. Il n'a jamais eu l'imagination bien vive, ni ce feu d'esprit qu'on remarque dans quelques-uns ; mais c'est par là que j'ai toujours bien augré de sa judiciaire, qualité requise pour l'exercice de notre art. Lorsqu'il était petit, il n'a jamais été ce qu'on appelle mièvre et éveillé. On le voyait toujours doux, paisible et taciturne, ne disant jamais mot, et ne jouant jamais à tous ces petits jeux que l'on nomme enfantins. On eut toutes les peines du monde à

Thomas Diaforus et Toinette.

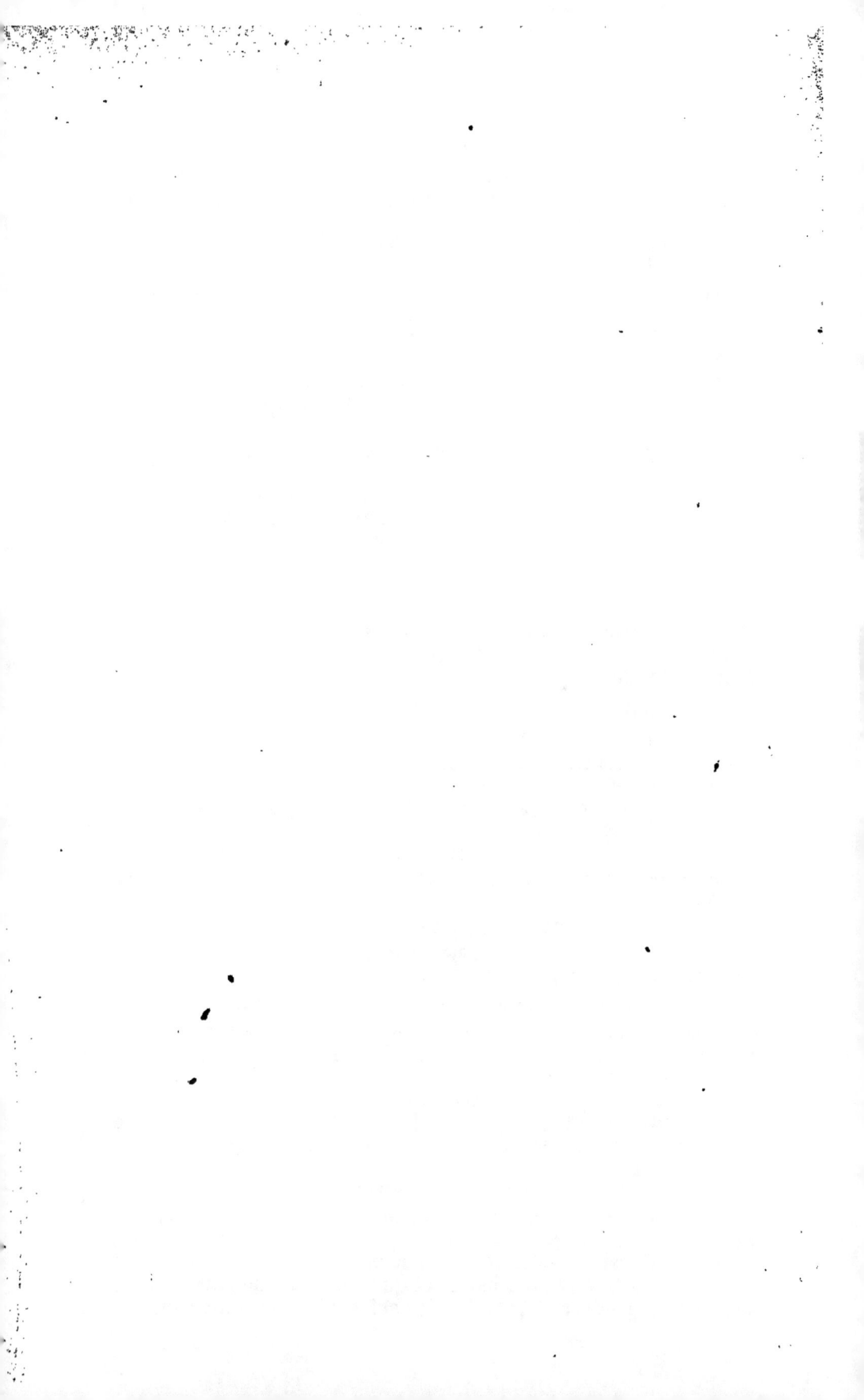

lui apprendre à lire ; et il avait neuf ans, qu'il ne connaissait pas
encore ses lettres. Bon, disais-je en moi-même : les arbres tardifs
sont ceux qui portent les meilleurs fruits. On grave sur le marbre
bien plus malaisément que sur le sable ; mais les choses y sont
conservées bien plus longtemps ; et cette lenteur à comprendre,
cette pesanteur d'imagination est la marque d'un bon jugement à
venir. Lorsque je l'envoyai au collège, il trouva de la peine ; mais
il se roidissait contre les difficultés ; et ses régents se louaient
toujours à moi de son assiduité et de son travail. Enfin, à force de
battre le fer, il en est venu glorieusement à avoir ses licences ; et
je puis dire, sans vanité, que, depuis deux ans qu'il est sur les
bancs, il n'y a point de candidat qui ait fait plus de bruit que lui
dans toutes les disputes de notre école. Il s'y est rendu redoutable ;
et il ne s'y passe point d'acte où il n'aille argumenter à outrance
pour la proposition contraire. Il est ferme dans la dispute, fort
comme un Turc sur ses principes, ne démord jamais de son opinion, et poursuit un raisonnement jusque dans les derniers recoins
de la logique. Mais, sur toute chose, ce qui me plaît en lui, et en
quoi il suit mon exemple, c'est qu'il s'attache aveuglément aux opinions de nos anciens, et que jamais il n'a voulu comprendre ni
écouter les raisons et les expériences des prétendues découvertes
de notre siècle, touchant la circulation du sang, et autres opinions
de même farine.

THOMAS DIAFOIRUS, *tirant de sa poche une grande thèse roulée,*
qu'il présente à Angélique.

J'ai, contre les circulateurs, soutenu une thèse. qu'avec la permission (*saluant Argan*) de monsieur, j'ose présenter à mademoiselle. comme un hommage que je lui dois des prémices de mon
esprit.

ANGÉLIQUE.

Monsieur, c'est pour moi un meuble inutile, et je ne me connais
pas à ces choses-là.

TOINETTE, *prenant la thèse.*

Donnez, donnez. Elle est toujours bonne à prendre pour l'image :
cela servira à parer notre chambre.

THOMAS DIAFOIRUS, *saluant encore Argan.*

Avec la permission aussi de monsieur, je vous invite à venir voir,
l'un de ces jours, pour vous divertir, la dissection d'une femme,
sur quoi je dois raisonner.

TOINETTE.

Le divertissement sera agréable. Il y en a qui donnent la comédie
à leurs maîtresses ; mais donner une dissection est quelque chose
de plus galant.

MONSIEUR DIAFOIRUS.

Au reste, pour ce qui est des qualités requises pour le mariage
et la propagation, je vous assure que, selon les règles de nos
docteurs, il est tel qu'on le peut souhaiter ; qu'il possède en un
degré louable la vertu prolifique, et qu'il est du tempérament qu'il
faut pour engendrer et procréer des enfants bien conditionnés.

ARGAN.

N'est-ce pas votre intention, monsieur, de le pousser à la cour, et d'y ménager pour lui une charge de médecin ?

MONSIEUR DIAFOIRUS.

A vous en parler franchement, notre métier auprès des grands ne m'a jamais paru agréable; et j'ai toujours trouvé qu'il valait mieux pour nous autres demeurer au public. Le public est commode. Vous n'avez à répondre de vos actions à personne; et, pourvu que l'on suive le courant des règles de l'art, on ne se met point en peine de tout ce qui peut arriver. Mais ce qu'il y a de fâcheux auprès des grands, c'est que, quand ils viennent à être malades, ils veulent absolument que leurs médecins les guérissent.

TOINETTE.

Cela est plaisant! et ils sont bien impertinents de vouloir que, vous autres messieurs, vous les guérissiez! Vous n'êtes point auprès d'eux pour cela; vous n'y êtes que pour recevoir vos pensions et leur ordonner des remèdes; c'est à eux à guérir s'ils peuvent.

MONSIEUR DIAFOIRUS.

Cela est vrai. On n'est obligé qu'à traiter les gens dans les formes.

SCÈNE III.

BÉLINE, ARGAN, ANGÉLIQUE, MONSIEUR DIAFOIRUS, THOMAS DIAFOIRUS, TOINETTE.

ARGAN.

M'amour, voilà le fils de monsieur Diafoirus.

THOMAS DIAFOIRUS.

Madame, c'est avec justice que le ciel vous a concédé le nom de belle-mère, puisque l'on voit sur votre visage...

BÉLINE.

Monsieur, je suis ravie d'être venue ici à propos, pour avoir l'honneur de vous voir.

THOMAS DIAFOIRUS.

Puisque l'on voit sur votre visage... puisque l'on voit sur votre visage... Madame, vous m'avez interrompu dans le milieu de ma période, et cela m'a troublé la mémoire.

MONSIEUR DIAFOIRUS.

Thomas, réservez cela pour une autre fois.

ARGAN.

Je voudrais, ma mie, que vous eussiez été ici tantôt.

TOINETTE.

Ah! madame, vous avez bien perdu de n'avoir point été au second père, à la statue de Memnon, et à la fleur nommée héliotrope.

ARGAN.

Allons, ma fille, touchez dans la main de monsieur, et lui donnez votre foi, comme à votre mari.

ANGÉLIQUE.

Mon père !

ARGAN.

Hé bien ! mon père ! Qu'est-ce que cela veut dire ?

ANGÉLIQUE.

De grâce, ne précipitez pas les choses. Donnez-nous au moins le temps de nous connaître, et de voir naître en nous, l'un pour l'autre, cette inclination si nécessaire à composer une union parfaite.

THOMAS DIAFOIRUS.

Quant à moi, mademoiselle, elle est déjà toute née en moi ; et je n'ai pas besoin d'attendre davantage.

ANGÉLIQUE.

Si vous êtes si prompt, monsieur, il n'en est pas de même de moi ; et je vous avoue que votre mérite n'a pas encore assez fait d'impression dans mon âme.

ARGAN.

Oh ! bien, bien ; cela aura tout le loisir de se faire quand vous serez mariés ensemble.

ANGÉLIQUE.

Hé ! mon père, donnez-moi du temps, je vous prie. Le mariage est une chaîne où l'on ne doit jamais soumettre un cœur par force; et si monsieur est honnête homme, il ne doit point vouloir accepter une personne qui serait à lui par contrainte.

THOMAS DIAFOIRUS.

Nego consequentiam, mademoiselle; et je puis être honnête homme, et vouloir bien vous accepter des mains de monsieur votre père.

ANGÉLIQUE.

C'est un méchant moyen de se faire aimer de quelqu'un, que de lui faire violence.

THOMAS DIAFOIRUS.

Nous lisons des anciens, mademoiselle, que leur coutume était d'enlever par force, de la maison des pères, les filles qu'on menait marier, afin qu'il ne semblât pas que ce fût de leur consentement qu'elles convolaient dans les bras d'un homme.

ANGÉLIQUE.

Les anciens, monsieur, sont les anciens; et nous sommes les gens de maintenant. Les grimaces ne sont point nécessaires dans notre siècle; et, quand un mariage nous plaît, nous savons fort bien y aller, sans qu'on nous y traîne. Donnez-vous patience; si vous m'aimez, monsieur, vous devez vouloir tout ce que je veux.

THOMAS DIAFOIRUS.

Oui, mademoiselle, jusqu'aux intérêts de mon amour exclusivement.

ANGÉLIQUE.

Mais la grande marque d'amour, c'est d'être soumis aux volontés de celle qu'on aime.

THOMAS DIAFOIRUS.

Distinguo, mademoiselle. Dans ce qui ne regarde point sa possession, *concedo*; mais dans ce qui la regarde, *nego*.

TOINETTE, *à Angélique.*

Vous avez beau raisonner. Monsieur est frais émoulu du collège; et il vous donnera toujours votre reste. Pourquoi tant résister, et refuser la gloire d'être attachée au corps de la Faculté?

BÉLINE.

Elle a peut-être quelque inclination en tête.

ANGÉLIQUE.

Si j'en avais, madame, elle serait telle que la raison et l'honnêteté pourraient me la permettre.

ARGAN.

Ouais! je joue ici un plaisant personnage!

BÉLINE.

Si j'étais que de vous, mon fils, je ne la forcerais point à se marier; et je sais bien ce que je ferais.

ANGÉLIQUE.

Je sais, madame, ce que vous voulez dire, et les bontés que vous avez pour moi; mais peut-être que vos conseils ne seront pas assez heureux pour être exécutés.

BÉLINE.

C'est que les filles bien sages et bien honnêtes, comme vous, se moquent d'être obéissantes et soumises aux volontés de leurs pères. Cela était bon autrefois.

ANGÉLIQUE.

Le devoir d'une fille a des bornes, madame; et la raison et les lois ne l'étendent point à toutes sortes de choses.

BÉLINE.

C'est-à-dire que vos pensées ne sont que pour le mariage; mais vous voulez choisir un époux à votre fantaisie.

ANGÉLIQUE.

Si mon père ne veut pas me donner un mari qui me plaise, je le conjurerai, au moins, de ne me point forcer à en épouser un que je ne puisse pas aimer.

ARGAN.

Messieurs, je vous demande pardon de tout ceci.

ANGÉLIQUE.

Chacun a son but en se mariant. Pour moi, qui ne veux un mari que pour l'aimer véritablement, et qui prétends en faire tout l'attachement de ma vie, je vous avoue que j'y cherche quelque précaution. Il y en a d'aucunes qui prennent des maris seulement pour se tirer de la contrainte de leurs parents, et se mettre en état de faire tout ce qu'elles voudront. Il y en a d'autres, madame, qui font du mariage un commerce de pur intérêt; qui ne se marient que pour gagner des douaires, que pour s'enrichir par la mort de ceux qu'elles épousent, et courent sans scrupules de mari en mari, pour s'approprier leurs dépouilles. Ces personnes-là, à la vérité, n'y cherchent pas tant de façons, et regardent peu la personne.

BÉLINE.

Je vous trouve aujourd'hui bien raisonnante, et je voudrais bien savoir ce que vous voulez dire par là.

ANGÉLIQUE.

Moi, madame ? Que voudrais-je dire que ce que je dis?

BÉLINE.

Vous êtes si sotte, ma mie, qu'on ne saurait plus vous souffrir.

ANGÉLIQUE.

Vous voudriez bien, madame, m'obliger à vous répondre quelque impertinence ; mais je vous avertis que vous n'aurez pas cet avantage.

BÉLINE.

Il n'est rien d'égal à votre insolence.

ANGÉLIQUE.

Non, madame, vous avez beau dire.

BÉLINE.

Et vous avez un ridicule orgueil, une impertinente présomption, qui fait hausser les épaules à tout le monde.

ANGÉLIQUE,

Tout cela, madame, ne servira de rien. Je serai sage en dépit de vous; et, pour vous ôter l'espérance de pouvoir réussir dans ce que vous voulez, je vais m'ôter de votre vue.

SCÈNE IV.

BÉRALDE, ARGAN.

BÉRALDE,

Hé bien, mon frère ! qu'est-ce ? Comment vous portez-vous ?

ARGAN.

Ah ! mon frère, fort mal.

BÉRALDE.

Comment ! fort mal ?

ARGAN.

Oui, je suis dans une faiblesse si grande, que cela n'est pas croyable.

BÉRALDE.

Voilà qui est fâcheux.

ARGAN.

Je n'ai pas seulement la force de pouvoir parler.

BÉRALDE.

J'étais venu ici, mon frère, vous proposer un parti pour ma nièce Angélique.

ARGAN, *parlant avec emportement, et se levant de sa chaise.*

Mon frère, ne me parlez point de cette coquine-là. C'est une friponne, une impertinente, une effrontée que je mettrai dans un couvent avant qu'il soit deux jours.

COMÉD. DE MOL.   6

BÉRALDE.

Ah! voilà qui est bien! Je suis bien aise que la force vous revienne un peu, et que ma visite vous fasse du bien. Oh çà, nous parlerons d'affaires tantôt.

ACTE TROISIÈME

SCÈNE PREMIÈRE.

BÉRALDE, ARGAN, TOINETTE.

BÉRALDE.

Hé bien! mon frère, qu'en dites-vous? Cela ne vaut-il pas bien une prise de casse?

TOINETTE.

Hom! de bonne casse est bonne.

BÉRALDE.

Oh çà! voulez-vous que nous parlions un peu ensemble?

ARGAN.

Un peu de patience, mon frère : je vais revenir.

TOINETTE.

Tenez, monsieur, vous ne songez pas que vous ne sauriez marcher sans bâton.

ARGAN.

Tu as raison.

SCÈNE II.

BÉRALDE, TOINETTE.

TOINETTE.

N'abandonnez pas, s'il vous plaît, les intérêts de votre nièce.

BÉRALDE.

J'emploierai toutes choses pour lui obtenir ce qu'elle souhaite.

TOINETTE.

Il faut absolument empêcher ce mariage extravagant qu'il s'est mis dans la fantaisie ; et j'avais songé en moi-même que ç'aurait été une bonne affaire, de pouvoir introduire ici un médecin à notre poste, pour le dégoûter de son monsieur Purgon, et lui décrier sa conduite. Mais, comme nous n'avons personne en main pour cela, j'ai résolu de jouer un tour de ma tête.

BÉRALDE.

Comment ?

TOINETTE.

C'est une imagination burlesque. Cela sera peut-être plus heureux que sage. Laissez-moi faire.

SCÈNE III.

MONSIEUR FLEURANT, *une seringue à la main;* ARGAN, BÉRALDE.

ARGAN.

Ah ! mon frère, avec votre permission.

BÉRALDE.

Comment ? Que voulez-vous faire ?

ARGAN.

Prendre ce petit lavement-là : ce sera bientôt fait.

BÉRALDE.

Vous vous moquez. Est-ce que vous ne sauriez être un moment sans lavement ou sans médecine ? Remettez cela à une autre fois, et demeurez un peu en repos.

ARGAN.

Monsieur Fleurant, à ce soir, ou à demain au matin.

MONSIEUR FLEURANT, *à Béralde.*

De quoi vous mêlez-vous, de vous opposer aux ordonnances de la médecine, et d'empêcher monsieur de prendre mon clystère ? Vous êtes bien plaisant d'avoir cette hardiesse-là.

BÉRALDE.

Allez, monsieur; on voit bien que vous n'avez pas accoutumé de parler à des visages.

MONSIEUR FLEURANT.

On ne doit point ainsi se jouer des remèdes, et me faire perdre mon temps. Je ne suis venu ici que sur une bonne ordonnance; et je vais dire à monsieur Purgon comme on m'a empêché d'exécuter ses ordres, et de faire ma fonction. Vous verrez, vous verrez...

SCÈNE IV.

ARGAN, BÉRALDE.

ARGAN.

Mon frère, vous serez cause ici de quelque malheur.

BÉRALDE.

Le grand malheur de ne pas prendre un lavement que monsieur Purgon a ordonné ! Encore un coup, mon frère, est-il possible qu'il n'y ait pas moyen de vous guérir de la maladie des médecins, et que vous vouliez être toute votre vie enseveli dans leurs remèdes ?

ARGAN.

Mon Dieu ! mon frère, vous en parlez comme un homme qui se porte bien; mais, si vous étiez à ma place, vous changeriez bien de langage. Il est aisé de parler contre la médecine, quand on est en pleine santé.

BÉRALDE.

Mais quel mal avez-vous ?

ARGAN.

Vous me feriez enrager. Je voudrais que vous l'eussiez, mon mal, pour voir si vous jaseriez tant. Ah ! voici monsieur Purgon.

SCÈNE V.

MONSIEUR PURGON, ARGAN, BÉRALDE, TOINETTE.

MONSIEUR PURGON.

Je viens d'apprendre là-bas, à la porte, de jolies nouvelles; qu'on se moque ici de mes ordonnances, et qu'on a fait refus de prendre le remède que j'avais prescrit.

ARGAN.

Monsieur, ce n'est pas...

MONSIEUR PURGON.

Voilà une hardiesse bien grande, une étrange rébellion d'un malade contre son médecin!

TOINETTE.

Cela est épouvantable.

MONSIEUR PURGON.

Un clystère que j'avais pris plaisir à composer moi-même.

ARGAN.

Ce n'est pas moi...

MONSIEUR PURGON.

Inventé et formé dans toutes les règles de l'art.

TOINETTE.

Il a tort.

MONSIEUR PURGON.

Et qui devait faire dans les entrailles un effet merveilleux.

ARGAN.

Mon frère...

MONSIEUR PURGON.

Le renvoyer avec mépris!

ARGAN, *montrant Béralde.*

C'est lui...

M. Purgon.

MONSIEUR PURGON.

C'est une action exorbitante.

TOINETTE.

Cela est vrai.

MONSIEUR PURGON.

Un attentat énorme contre la médecine.

ARGAN, montrant Béralde.

Il est cause...

MONSIEUR PURGON.

Un crime de lèse-Faculté, qui ne se peut assez punir.

TOINETTE.

Vous avez raison.

MONSIEUR PURGON.

Je vous déclare que je romps commerce avec vous.

ARGAN.

C'est mon frère...

MONSIEUR PURGON.

Que je ne veux plus d'alliance avec vous.

TOINETTE.

Vous ferez bien.

MONSIEUR PURGON.

Et que, pour finir toute liaison avec vous, voilà la donation que
je faisais à mon neveu, en faveur du mariage.

(Il déchire la donation, et en jette les morceaux avec fureur.)

ARGAN.

C'est mon frère qui a fait tout le mal.

MONSIEUR PURGON.

Mépriser mon clystère!

ARGAN.

Faites-le venir; je m'en vais le prendre.

MONSIEUR PURGON.

Je vous aurais tiré d'affaire avant qu'il fût peu.

TOINETTE.

Il ne le mérite pas.

MONSIEUR PURGON.

J'allais nettoyer votre corps, et en évacuer entièrement les mauvaises humeurs.

ARGAN.

Ah! mon frère!

MONSIEUR PURGON.

Et je ne voulais plus qu'une douzaine de médecines pour vider le
fond du sac.

TOINETTE.

Il est indigne de vos soins.

MONSIEUR PURGON.

Mais, puisque vous n'avez pas voulu guérir par mes mains...

ARGAN.

Ce n'est pas ma faute.

MONSIEUR PURGON.

Puisque vous vous êtes soustrait de l'obéissance que l'on doit à
son médecin...

TOINETTE.

Cela crie vengeance.

MONSIEUR PURGON,

Puisque vous vous êtes déclaré rebelle aux remèdes que je vous ordonnais.

ARGAN.

Hé! point du tout.

MONSIEUR PURGON.

J'ai à vous dire que je vous abandonne à votre mauvaise constitution, à l'intempérie de vos entrailles, à la corruption de votre sang, à l'âcreté de votre bile, et à la féculence de vos humeurs.

TOINETTE.

C'est fort bien fait.

ARGAN.

Mon Dieu!

MONSIEUR PURGON.

Et je veux qu'avant qu'il soit quatre jours vous deveniez dans un état incurable.

ARGAN.

Ah! miséricorde!

MONSIEUR PURGON.

Que vous tombiez dans la bradypepsie (1).

ARGAN.

Monsieur Purgon!

MONSIEUR PURGON.

De la bradypepsie dans la dyspepsie,

ARGAN.

Monsieur Purgon!

MONSIEUR PURGON.

De la dyspepsie dans l'apepsie.

ARGAN.

Monsieur Purgon!

MONSIEUR PURGON.

De l'apepsie dans la lientérie (2).

ARGAN.

Monsieur Purgon!

MONSIEUR PURGON.

De la lientérie dans la dyssenterie,

ARGAN.

Monsieur Purgon!

MONSIEUR PURGON.

De la dyssenterie dans l'hydropisie.

ARGAN.

Monsieur Purgon!

(1) *Bradypepsie*, digestion lente et imparfaite.
(2) *Dyspepsie*, digestion pénible ou mauvaise ; *apepsie*, privation de digestion; *lientérie*, espèce de dévoiement dans lequel on rend les aliments presque tels qu'on les a pris.

MONSIEUR PURGON.

Et de l'hydropisie dans la privation de la vie, où vous aura conduit votre folie.

SCÈNE VI.

ARGAN, BÉRALDE.

ARGAN.

Ah, mon Dieu ! je suis mort. Mon frère, vous m'avez perdu.

BÉRALDE.

Quoi ! qu'y a-t-il ?

ARGAN.

Je n'en puis plus. Je sens déjà que la médecine se venge.

BÉRALDE.

Ma foi, mon frère, vous êtes fou ; et je ne voudrais pas, pour beaucoup de choses, qu'on vous vît faire ce que vous faites. Tâtez vous un peu, je vous prie ; revenez à vous-même, et ne donnez point tant à votre imagination.

ARGAN.

Vous voyez, mon frère, les étranges maladies dont il m'a menacé.

BÉRALDE.

Le simple homme que vous êtes !

ARGAN.

Il dit que je deviendrai incurable avant qu'il soit quatre jours.

BÉRALDE.

Et ce qu'il dit, que fait-il à la chose ? Est-ce un oracle qui parlé ? Il semble, à vous entendre, que monsieur Purgon tienn dans ses mains le filet de vos jours, et que, d'autorité suprême, i vous l'allonge et vous le raccourcisse comme il lui plaît. Songez qu les principes de votre vie sont en vous-même, et que le courrou de monsieur Purgon est aussi peu capable de vous faire mouri que ses remèdes de vous faire vivre. Voici une aventure, si vou voulez, à vous défaire des médecins ; ou, si vous êtes né à ne pou voir vous en passer, il est aisé d'en avoir un autre, avec leque mon frère, vous puissiez courir un peu moins de risque.

ARGAN.

Ah ! mon frère, il sait tout mon tempérament, et la manièi dont il faut me gouverner.

BÉRALDE.

Il faut vous avouer que vous êtes un homme d'une grande pr vention, et que vous voyez les choses avec d'étranges yeux.

6*

SCÈNE VII.

ARGAN, BÉRALDE, TOINETTE.

TOINETTE, à *Argan.*
Monsieur, voilà un médecin qui demande à vous voir.

ARGAN.
Et quel médecin ?

TOINETTE.
Un médecin de la médecine.

ARGAN.
Je te demande qui il est.

TOINETTE.
Je ne le connais pas, mais il me ressemble comme deux gouttes d'eau ; et, si je n'étais sûre que ma mère était honnête femme, je dirais que ce serait quelque petit frère qu'elle m'aurait donné depuis le trépas de mon père.

ARGAN.
Fais-le venir.

SCÈNE VIII.

ARGAN, BÉRALDE.

BÉRALDE.
Vous êtes servi à souhait. Un médecin vous quitte ; un autre se présente.

ARGAN.
J'ai bien peur que vous ne soyez cause de quelque malheur.

BÉRALDE.
Encore ! Vous en revenez toujours là.

ARGAN.
Voyez-vous, j'ai sur le cœur toutes ces maladies-là que je ne connais point, ces...

SCÈNE IX.

ARGAN, BÉRALDE ; TOINETTE, *en médecin.*

TOINETTE.
Monsieur, agréez que je vienne vous rendre visite, et vous offrir mes petits services pour toutes les saignées et les purgations dont vous aurez besoin.

ARGAN.
Monsieur, je vous suis fort obligé. (*A Béralde.*) Par ma foi, voilà Toinette elle même.

TOINETTE.

Monsieur, je vous prie de m'excuser : j'ai oublié de donner une commission à mon valet ; je reviens tout à l'heure.

SCÈNE X.

ARGAN, BÉRALDE.

ARGAN.

Hé ! ne diriez-vous pas que c'est effectivement Toinette ?

BÉRALDE.

Il est vrai que la ressemblance est tout à fait grande ; mais ce n'est pas la première fois qu'on a vu de ces sortes de choses, et les histoires ne sont pleines que de ces jeux de la nature.

ARGAN.

Pour moi, j'en suis surpris ; et...

SCÈNE XI.

ARGAN, BÉRALDE, TOINETTE.

TOINETTE.

Que voulez-vous, monsieur ?

ARGAN.

Comment ?

TOINETTE.

Ne m'avez-vous pas appelée ?

ARGAN.

Moi ? non.

TOINETTE.

Il faut donc que les oreilles m'aient corné.

ARGAN.

Demeure un peu ici pour voir comme ce médecin te ressemble.

TOINETTE.

Oui, vraiment ! J'ai affaire là-bas ; et je l'ai assez vu.

SCÈNE XII.

ARGAN, BÉRALDE.

ARGAN.

Si je ne les voyais tous deux, je croirais que ce n'est qu'un.

BÉRALDE.

J'ai lu des choses surprenantes de ces sortes de ressemblances ; et nous en avons vu, de notre temps, où tout le monde s'est trompé.

ARGAN.

Pour moi, j'aurais été trompé à celle-là ; et j'aurais juré que c'est la même personne.

SCÈNE XIII.

ARGAN, BÉRALDE ; TOINETTE, *en médecin.*

TOINETTE.

Monsieur, je vous demande pardon de tout mon cœur.

ARGAN, *bas, à Béralde.*

Cela est admirable.

TOINETTE.

Vous ne trouverez pas mauvais, s'il vous plaît, la curiosité que j'ai eue de voir un illustre malade comme vous êtes ; et votre réputation, qui s'étend partout, peut excuser la liberté que j'ai prise.

ARGAN.

Monsieur, je suis votre serviteur.

TOINETTE.

Je vois, monsieur, que vous me regardez fixement. Quel âge croyez-vous bien que j'aie ?

ARGAN.

Je crois que tout au plus vous pouvez avoir vingt-six ou vingt-sept ans.

TOINETTE.

Ah! ah! ah! ah! ah! j'en ai quatre-vingt-dix.

ARGAN.

Quatre-vingt-dix !

TOINETTE.

Oui. Vous voyez un effet des secrets de mon art, de me conserver ainsi frais et vigoureux.

ARGAN.

Par ma foi, voilà un beau jeune vieillard pour quatre-vingt-dix ans !

TOINETTE.

Je suis médecin passager, qui vais de ville en ville, de province en province, de royaume en royaume, pour chercher d'illustres matières à ma capacité, pour trouver des malades dignes de m'occuper, capables d'exercer les grands et beaux secrets que j'ai trouvés dans la médecine. Je dédaigne de m'amuser à ce menu fatras de maladies ordinaires, à ces bagatelles de rhumatismes et de fluxions, à ces fiévrotes, à ces vapeurs et à ces migraines. Je veux des maladies d'importance, de bonnes fièvres continues, avec des transports au cerveau, de bonnes fièvres pourprées, de bonnes pestes, de bonnes hydropisies formées, de bonnes pleurésies avec des inflammations de poitrine ; c'est là que je me plais, c'est là que je triomphe ; et je voudrais, monsieur, que vous eussiez toutes les maladies que je viens de dire, que vous fussiez abandonné de tous les médecins, désespéré, à l'agonie, pour vous montrer l'excellence de mes remèdes, et l'envie que j'aurais de vous rendre service.

ARGAN.

Je vous suis obligé, monsieur, des bontés que vous avez pour moi.

TOINETTE.

Donnez-moi votre pouls. Allons donc, que l'on batte comme il faut. Ah ! je vous ferai bien aller comme vous devez. Ouais ! ce pouls-là fait l'impertinent ; je vois bien que vous ne me connaissez pas encore. Qui est votre médecin ?

ARGAN.

Monsieur Purgon.

TOINETTE.

Cet homme-là n'est point écrit sur mes tablettes entre les grands médecins. De quoi dit-il que vous êtes malade ?

ARGAN.

Il dit que c'est du foie, et d'autres disent que c'est de la rate.

TOINETTE.

Ce sont tous des ignorants. C'est du poumon que vous êtes malade.

ARGAN.

Du poumon ?

TOINETTE.

Oui. Que sentez-vous ?

ARGAN.

Je sens de temps en temps des douleurs de tête.

TOINETTE.

Justement, le poumon.

ARGAN.

Il me semble parfois que j'ai un voile devant les yeux.

TOINETTE.

Le poumon.

ARGAN.

J'ai quelquefois des maux de cœur.

TOINETTE.

Le poumon.

ARGAN.

Je sens parfois des lassitudes par tous les membres.

TOINETTE.

Le poumon.

ARGAN.

Et quelquefois il me prend des douleurs dans le ventre, comme si c'étaient des coliques.

TOINETTE.

Le poumon. Vous avez appétit à ce que vous mangez ?

ARGAN.

Oui, monsieur.

TOINETTE.

Le poumon. Vous aimez à boire un peu de vin ?

ARGAN.

Oui, monsieur.

TOINETTE.

Le poumon. Il vous prend un petit sommeil après le repas, et vous êtes bien aise de dormir?

ARGAN.

Oui, monsieur.

TOINETTE.

Le poumon, le poumon, vous dis-je. Que vous ordonne votre médecin pour votre nourriture?

ARGAN.

Il m'ordonne du potage,

TOINETTE.

Ignorant !

ARGAN.

De la volaille,

TOINETTE.

Ignorant !

ARGAN.

Du veau,

TOINETTE.

Ignorant !

ARGAN.

Des bouillons,

TOINETTE.

Ignorant !

ARGAN.

Des œufs frais;

TOINETTE.

Ignorant !

ARGAN.

Et le soir, de petits pruneaux pour lâcher le ventre;

TOINETTE.

Ignorant !

ARGAN.

Et surtout de boire mon vin fort trempé.

TOINETTE.

Ignorantus, ignoranta, ignorantum. Il faut boire votre vin pur; et, pour épaissir votre sang, qui est trop subtil, il faut manger de bon gros bœuf, de bon gros porc, de bon fromage de Hollande; du gruau et du riz, et des marrons et des oublies, pour coller et conglutiner. Votre médecin est une bête. Je veux vous en envoyer un de ma main; et je viendrai vous voir de temps en temps, tandis que je serai eu cette ville.

ARGAN.

Vous m'obligez beaucoup.

TOINETTE.

Que diantre faites-vous de ce bras-là?

ARGAN.

Comment?

TOINETTE.

Voilà un bras que je me ferais couper tout à l'heure, si j'étais que de vous.

ARGAN.

Et pourquoi?

TOINETTE.

Ne voyez-vous pas qu'il tire à soi toute la nourriture, et qu'il empêche ce côté-là de profiter?

ARGAN.

Oui; mais j'ai besoin de mon bras.

TOINETTE.

Vous avez là aussi un œil droit que je me ferais crever, si j'étais en votre place.

ARGAN.

Crever un œil?

TOINETTE.

Ne voyez-vous pas qu'il incommode l'autre, et lui dérobe sa nourriture? Croyez-moi, faites-vous-le crever au plus tôt : vous en verrez plus clair de l'œil gauche.

ARGAN.

Cela n'est pas pressé.

TOINETTE.

Adieu. Je suis fâché de vous quitter sitôt; mais il faut que je me trouve à une grande consultation qui doit se faire pour un homme qui mourut hier.

ARGAN.

Pour un homme qui mourut hier?

TOINETTE.

Oui : pour aviser et voir ce qu'il aurait fallu lui faire pour le guérir. Jusqu'au revoir.

ARGAN.

Vous savez que les malades ne reconduisent point.

SCÈNE XIV.

ARGAN, BÉRALDE.

BÉRALDE.

Voilà un médecin qui paraît fort habile!

ARGAN.

Oui; mais il va un peu bien vite.

BÉRALDE.

Tous les grands médecins sont comme cela.

ARGAN.

Me couper un bras et me crever un œil, afin que l'autre se porte mieux! J'aime bien mieux qu'il ne se porte pas si bien. La belle opération, de me rendre borgne et manchot!

SCÈNE XV.

ARGAN, BÉRALDE, TOINETTE.

TOINETTE, *feignant de parler à quelqu'un.*
Allons, allons, je suis votre servante. Je n'ai pas envie de rire.

ARGAN.
Qu'est-ce que c'est?

TOINETTE.
Votre médecin, ma foi, qui me voulait tâter le pouls.

ARGAN.
Voyez un peu, à l'âge de quatre-vingt-dix ans !

BÉRALDE.
Oh çà! mon frère, puisque voilà votre monsieur Purgon brouillé avec vous, ne voulez-vous pas bien que je vous parle du parti qui s'offre pour ma nièce?

ARGAN.
Non, mon frère: je veux la mettre dans un couvent, puisqu'elle s'est opposée à mes volontés. Je vois bien qu'il y a quelque amourette là-dessous, et j'ai découvert certaine entrevue secrète qu'on ne sait pas que j'aie découverte.

BÉRALDE.
Hé bien ! mon frère, quand il y aurait quelque petite inclination, cela serait-il si criminel ? Et rien peut-il vous offenser, quand tout ne va qu'à des choses honnêtes, comme le mariage ?

ARGAN.
Quoi qu'il en soit, mon frère, elle sera religieuse ; c'est une chose résolue.

BÉRALDE.
Vous voulez faire plaisir à quelqu'un.

ARGAN.
Je vous entends. Vous en revenez toujours là, et ma femme vous tient au cœur.

BÉRALDE.
Hé bien ! oui, mon frère; puisqu'il faut parler à cœur ouvert, c'est votre femme que je veux dire; et, non plus que l'entêtement de la médecine, je ne puis vous souffrir l'entêtement où vous êtes pour elle, et voir que vous donniez, tête baissée, dans tous les pièges qu'elle vous tend.

TOINETTE.
Ah! monsieur, ne parlez point de madame ; c'est une femme sur laquelle il n'y a rien à dire, une femme sans artifice, et qui aime monsieur, qui l'aime... On ne peut pas dire cela.

ARGAN.
Demandez-lui un peu les caresses qu'elle me fait;

TOINETTE.
Cela est vrai.

ARGAN.
L'inquiétude que lui donne ma maladie ;

TOINETTE.

Assurément.

ARGAN.

Et les soins et les peines qu'elle prend autour de moi.

TOINETTE.

Il est certain. (A *Béralde*.) Voulez-vous que je vous convainque,
et vous fasse voir tout à l'heure comme madame aime monsieur ?
(A *Argan*.) Monsieur, souffrez que je lui montre son bec jaune et le
tire d'erreur.

ARGAN.

Comment ?

TOINETTE.

Madame s'en va revenir. Mettez-vous tout étendu dans cette
chaise, et contrefaites le mort. Vous verrez la douleur où elle sera
quand je lui dirai la nouvelle.

ARGAN.

Je le veux bien.

TOINETTE.

Oui ; mais ne la laissez pas longtemps dans le désespoir, car elle
en pourrait bien mourir.

ARGAN.

Laisse-moi faire.

TOINETTE, *à Béralde.*

Cachez-vous, vous, dans ce coin-là.

SCÈNE XVI.

ARGAN, TOINETTE.

ARGAN.

N'y a-t-il point quelque danger à contrefaire le mort ?

TOINETTE.

Non, non. Quel danger y aurait-il ? Étendez-vous là seulement.
(*Bas*.) Il y aura plaisir à confondre votre frère. Voici madame. Tenez-vous bien.

SCÈNE XVII.

BÉLINE; ARGAN, *étendu dans sa chaise*; TOINETTE.

TOINETTE, *feignant de ne pas voir Béline.*

Ah! mon Dieu! Ah! malheur! Quel étrange accident!

BÉLINE.

Qu'est-ce, Toinette?

TOINETTE.

Ah! madame!

BÉLINE.

Qu'y a-t-il?

TOINETTE.

Votre mari est mort.

BÉLINE.

Mon mari est mort?

TOINETTE.

Hélas! oui! le pauvre défunt est trépassé.

BÉLINE.

Assurément?

TOINETTE.

Assurément; personne ne sait encore cet accident-là; et je me suis trouvée ici toute seule. Il vient de passer entre mes bras. Tenez, le voilà tout de son long dans cette chaise.

BÉLINE.

Le ciel en soit loué! Me voilà délivré d'un grand fardeau. Que tu es sotte, Toinette, de t'affliger de cette mort!

TOINETTE.

Je pensais, madame, qu'il fallût pleurer.

BÉLINE.

Va, va, cela n'en vaut pas la peine. Quelle perte est-ce que la sienne? et de quoi servait-il sur la terre? Un homme incommode à tout le monde, malpropre, dégoûtant, sans cesse un lavement ou une médecine dans le ventre, mouchant, toussant, crachant toujours; sans esprit, ennuyeux, de mauvaise humeur, fatiguant sans cesse les gens, et grondant jour et nuit servantes et valets.

TOINETTE.

Voilà une belle oraison funèbre!

BÉLINE.

Il faut, Toinette, que tu m'aides à exécuter mon dessein; et tu peux croire qu'en me servant, ta récompense est sûre. Puisque, par un bonheur, personne n'est encore averti de la chose, portons-le dans son lit, et tenons cette mort cachée, jusqu'à ce que j'aie fait mon affaire. Il y a des papiers, il y a de l'argent, dont je me veux saisir; et il n'est pas juste que j'aie passé sans fruit auprès de lui mes plus belles années. Viens, Toinette; prenons auparavant toutes ses clefs.

ARGAN, *se levant brusquement.*

Doucement.

BÉLINE.

Ah!

ARGAN.

Oui, madame ma femme, c'est ainsi que vous m'aimez?

TOINETTE.

Ah! ah! le défunt n'est pas mort!

ARGAN, *à Béline, qui sort.*

Je suis bien aise de voir votre amitié, et d'avoir entendu le beau panégyrique que vous avez fait de moi. Voilà un avis au lecteur, qui me rendra sage à l'avenir, et qui m'empêchera de faire bien des choses.

SCÈNE XVIII.

BÉRALDE, *sortant de l'endroit où il s'était caché ;*

ARGAN, TOINETTE.

BÉRALDE.

Hé bien ! mon frère, vous le voyez.

TOINETTE.

Par ma foi, je n'aurais jamais cru cela. Mais j'entends votre fille. Remettez-vous comme vous étiez, et voyons de quelle manière elle recevra votre mort. C'est une chose qu'il n'est pas mauvais d'éprouver ; et, puisque vous êtes en train, vous connaîtrez par là les sentiments que votre famille a pour vous.

　　　　　　　　　　　　　　(Béralde va se cacher.)

SCÈNE XIX.

ARGAN, ANGÉLIQUE, TOINETTE.

TOINETTE, *feignant de ne pas voir Angélique.*

O ciel ! ah ! fâcheuse aventure ! Malheureuse journée !

ANGÉLIQUE.

Qu'as-tu, Toinette ? et de quoi pleures-tu ?

TOINETTE.

Hélas ! j'ai de tristes nouvelles à vous donner.

ANGÉLIQUE.

Hé ! quoi ?

TOINETTE.

Votre père est mort.

ANGÉLIQUE.

Mon père est mort, Toinette ?

TOINETTE.

Oui. Vous le voyez là, il vient de mourir tout à l'heure d'une faiblesse qui lui a pris.

ANGÉLIQUE.

O ciel ! quelle infortune ! quelle atteinte cruelle ! Hélas ! faut-il que je perde mon père, la seule chose qui me restait au monde ; et qu'encore, pour un surcroît de désespoir, je le perde dans un moment où il était irrité contre moi ! Que deviendrai-je, malheureuse ! et quelle consolation trouver après une si grande perte ?

SCÈNE XX.

ARGAN, ANGÉLIQUE, CLÉANTE, TOINETTE.

CLÉANTE.

Qu'avez-vous donc, belle Angélique ? et quel malheur pleurez-vous ?

ANGÉLIQUE.

Hélas! je pleure tout ce que dans la vie je pouvais perdre de plus cher et de plus précieux ; je pleure la mort de mon père.

CLÉANTE.

O ciel! quel accident! quel coup inopiné! Hélas! après la demande que j'avais conjuré votre oncle de lui faire pour moi, je venais me présenter à lui, et tâcher, par mes respects et par mes prières, de disposer son cœur à vous accorder à mes vœux.

ANGÉLIQUE.

Ah! Cléante, ne parlons plus de rien. Laissons là toutes les pensées du mariage Après la perte de mon père, je ne veux plus être du monde, et j'y renonce pour jamais. Oui, mon père, si j'ai résisté tantôt à vos volontés, je veux suivre du moins une de vos intentions, et réparer par là le chagrin que je m'accuse de vous avoir donné. (Se jetant à ses genoux.) Souffrez, mon père, que je vous en donne ici ma parole, et que je vous embrasse pour vous témoigner mon ressentiment.

ARGAN, embrassant Angélique.

Ah! ma fille!

ANGÉLIQUE.

Ah!

ARGAN.

Viens. N'aie point de peur, je ne suis pas mort. Va, tu es mon vrai sang, ma véritable fille; et je suis ravi d'avoir vu ton bon naturel.

SCÈNE XXI.

ARGAN, BÉRALDE, ANGÉLIQUE, CLÉANTE, TOINETTE.

ANGÉLIQUE.

Ah! quelle surprise agréable! Mon père, puisque, par un bonheur extrême, le ciel vous redonne à mes vœux, souffrez qu'ici je me jette à vos pieds pour vous supplier d'une chose. Si vous n'êtes pas favorable au penchant de mon cœur, si vous me refusez Cléante pour époux, je vous conjure au moins de ne me point forcer d'en épouser un autre. C'est toute la grâce que je vous demande.

CLÉANTE, se jetant aux genoux d'Argan.

Hé! monsieur, laissez-vous toucher à ses prières et aux miennes, et ne vous montrez point contraire aux mutuels empressements d'une si belle inclination.

BÉRALDE.

Mon frère, pouvez-vous tenir là contre ?

TOINETTE.

Monsieur, serez-vous insensible à tant d'amour ?

ARGAN.

Qu'il se fasse médecin, je consens au mariage. (*A Cléante.*) Oui, faites-vous médecin, je vous donne ma fille.

CLÉANTE.

Très volontiers, monsieur. S'il ne tient qu'à cela pour être votre gendre, je me ferai médecin, apothicaire même, si vous voulez. Ce n'est pas une affaire que cela, et je ferais bien d'autres choses pour obtenir la belle Angélique.

FIN.

TABLE DES MATIÈRES

POITIERS. — TYPOGRAPHIE OUDIN ET Cie.

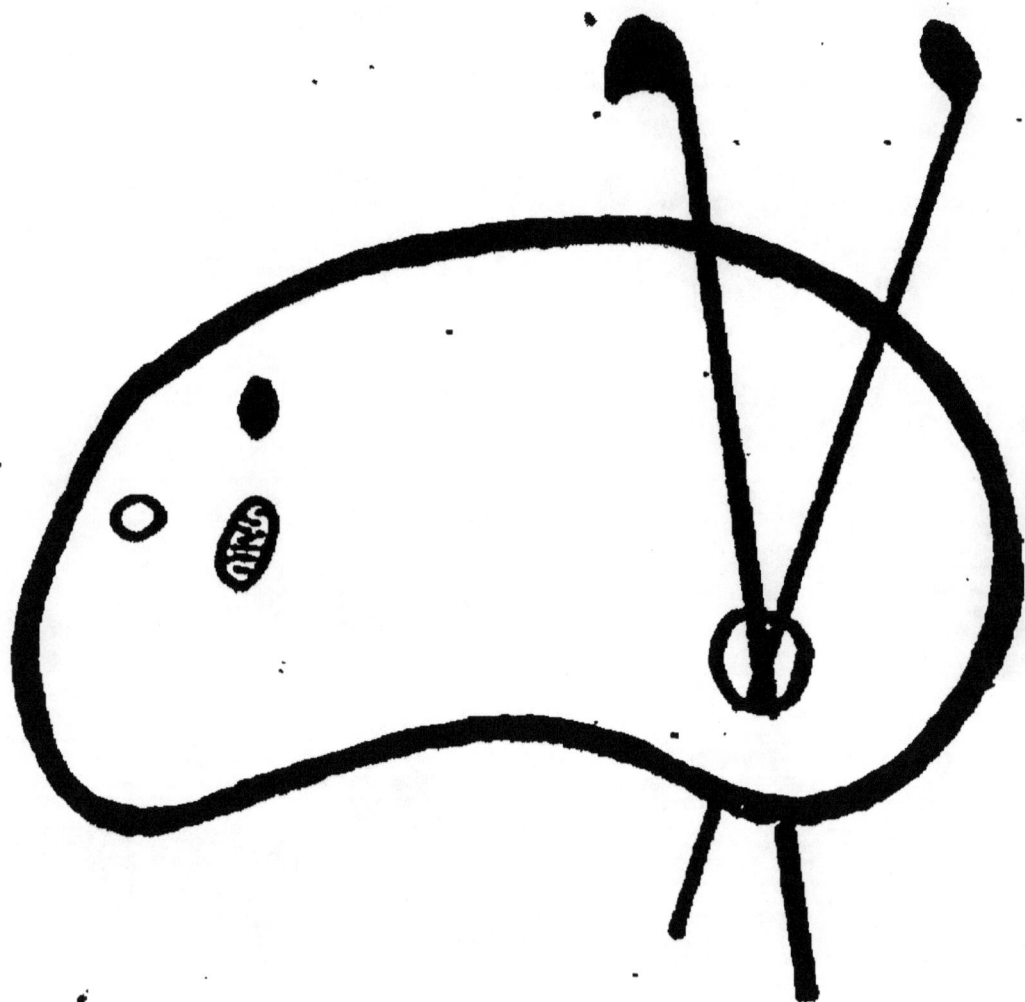

ORIGINAL EN COULEUR
NF Z 43-120-8

LES

VOITURES PUBLIQU

RÈGLEMENTS ET TARIFS

SUIVIS D'UN

BARÈME POUR ÉTABLIR LE DÉCOMPTE DES DR
DUS SUR LES VOITURES D'OCCASION

A L'USAGE

DES EMPLOYÉS DES CONTRIBUTIONS INDIRECT
ET DES LOUEURS DE VOITURES.

POITIERS

LIBRAIRIE ADMINISTRATIVE P. OUDIN

4, RUE DE L'ÉPERON, 4

LES VOITURES PUBLIQUES.